Niemieckimi śladami
po „Ziemi Obiecanej"

Auf deutschen Spuren
im „Gelobten Land"

Niemieckimi śladami po „Ziemi Obiecanej"
Praca zbiorowa pod redakcją Krystyny Radziszewskiej

Tłumaczenie: Georg Grzyb
Wstęp: Stefan Pytlas
Zdjęcia: Edyta Gabara

Opracowanie graficzne i okładka: Janina Dzikowska-Najder

Na okładce i wewnątrz książki wykorzystano ryciny i fotografie
z „Lodzer Zeitung" – wydanie jubileuszowe z 1913 roku.

ISBN 83-88484-49-4

Książka została wydana przy finansowej pomocy
Wydziału Strategii Miasta
Urzędu Miasta Łodzi

Wydanie II poprawione

Wydawnictwo Literatura, Łódź 2001
90-731 Łódź, ul. Wólczańska 19
tel./fax 630 23 81, tel. 630 25 17
e-mail: literaturawyd@poczta.onet.pl

Skład – Studio Alien

Drukarnia Wydawnictw Naukowych S.A.
Łódź, ul. Żwirki 2

Niemieckimi śladami po „Ziemi Obiecanej"

Auf deutschen Spuren im „Gelobten Land"

Red. Krystyna Radziszewska

Autorzy / Autoren/innen: **Krystyna Radziszewska**,
Ewelina Bartkiewicz
Adam Cyruliński, Marcin Dąbrówka
Ewa Jankowiak, Rafał Kosior
Sebastian Kośliński, Dagmara Ławniczak
Marek Motylewski, Aleksandra Poprawska
Marta Roszkowska, Tomasz Sobierajski
Anna Soluch, Monika Wojciechowska

Grupa redakcyjna / Redaktion: Krystyna Radziszewska, Georg Grzyb
Ewelina Bartkiewicz, Dagmara Ławniczak, Marek Motylewski, Anna Soluch

Wersja niemiecka / deutsche Fassung: Georg Grzyb

Zdjęcia / Fotos: Edyta Gabara

© Krystyna Radziszewska

Dziękujemy za pomoc finansową Wydziałowi Strategii Urzędu Miasta Łodzi
Wir bedanken uns für finanzielle Unterstützung durch: Amt für Entwicklung
und Strategie der Stadt Lodz.

Dziękujemy również wszystkim tym, którzy pomagali nam w pracy
nie szczędząc cennych wskazówek i czasu:
Außerdem danken wir all denen, die uns in unserer Arbeit unterstützten,
indem sie uns wertvolle Hinweise gegeben haben:
Muzeum Miasta Pabianic
Muzeum Miasta Zgierza
Parafia Ewangelicko-Augsburska św. Mateusza w Łodzi
Regionalny Ośrodek Studiów i Ochrony Środowiska Kulturowego w Łodzi,
Gabriele Brehmer, Ursula Brehmer, Stanisław Cieślak, Jan Dominikowski, Maciej Grubski,
Agnieszka Karczewska, Doris Keck-Breuning, Arthur Kirsch, Elżbieta Kozłowska,
Arnim Müller, Margott Müller, Joanna Podolska, Piotr Wesołowski, Maciej Wierzbowski.

Konsultacja naukowa:
Wissenschftliche Beratung:
Stefan Pytlas, Krzysztof Woźniak.

Droga Czytelniczko,
Drogi Czytelniku,

Niniejsza książka jest zaproszeniem do spaceru po Łodzi niemieckimi śladami. Niektóre z nich należą do najbardziej znanych zabytków miasta, np. „Biała Fabryka" Geyera, dziś Centralne Muzeum Włókiennictwa, pałac Scheiblera, w którym mieści się obecnie Muzeum Kinematografii oraz pałac Juliusza Heinzla siedziba Urzędu Miasta i Urzędu Wojewódzkiego. Jednak o wielu obiektach dziś już nie pamiętamy, choć kiedyś odgrywały znaczną rolę w życiu miasta.

Książka ta jest szczególnego rodzaju przewodnikiem. Została napisana z inspiracji dr Krystyny Radziszewskiej przez studentów filologii germańskiej Uniwersytetu Łódzkiego. Zainteresowali się oni historią Niemców w Łodzi oraz ich kulturą. Odnaleźli obiekty przemysłowe, domy i pałace, kościoły oraz inne miejsca życia społecznego. Odwiedzili szkoły – rozpoznali miejsca, gdzie rozwijało się życie kulturalne, sportowe, związkowe i działały instytucje charytatywne. Nie zapomnieli również o miejscach ostatniego spoczynku.

Opracowanie to nie rości sobie pretensji do ujęcia naukowo-historycznego. Jest tylko zaproszeniem na małą ucztę dla oczu, by odkrywały łódzkie zabytki, które warte są odkrycia.

Autorzy

Liebe Leserin,
Lieber Leser,

Dieses Buch ist eine Einladung zu einem Spaziergang auf deutschen Spuren durch Lodz. Einige dieser Spuren gehören zu den bekanntesten Denkmälern der Stadt, z. B. die „weiße Fabrik" Geyers, heute das Zentrale Textilmuseum, das Scheibler-Palais, in dem sich jetzt das Filmmuseum befindet, und das Heinzel-Palais, heute Sitz der Stadt- und der Wojewodschaftsverwaltung. An viele Denkmäler erinnern wir uns heute aber nicht mehr, obwohl sie einst im Leben der Stadt eine bedeutende Rolle spielten.

Dieses Buch ist ein spezialisierter Führer. Es wurde auf Anregung von Frau Dr. Krystyna Radziszewska durch Studenten der Germanistik der Univerwität Lodz verfaßt. Sie haben sich für die Geschichte der Deutschen in Lodz und für deren Kultur interessiert. Sie suchten die Industriedenkmäler, die Häuser und Paläste, Kirchen und andere Stätten des gesellschaftlichen Lebens auf. Sie besuchten Schulen – erkannten die Plätze, an denen sich das kulturelle, sportliche und gewerkschaftliche Leben entwickelte und an denen karitative Institutionen ihre Tätigkeit entfalteten. Sie haben auch an die Stätten der letzten Ruhe gedacht.

Dieses Buch erhebt keinen methodisch-historischen oder wissenschaftlichen Anspruch. Es versteht sich lediglich als eine Einladung – Einladung zu einem kleinen Augenschmaus, bei dem Sie die Denkmäler entdecken mögen, die es Wert sind, entdeckt zu werden.

Die Autoren

Spis treści

Wstęp	11
Niemieckie osadnictwo w Łodzi	13
Fabryki i pałace	20
Nie tylko praca i pieniądze, ale również modlitwa i jałmużna	54
Przemysłowcy inwestują w szkoły	94
Dokąd w wolnym czasie?	108
Wypowiedzieć się poprzez gazety	116
Z myślą o innych	124
Miejsca ostatniego spoczynku	146
Wokół Łodzi	172
O nich się mówi w tym przewodniku	176
Bibliografia	204
Indeks nazwisk	205

Inhaltsverzeichnis

Einleitung	12
Die deutsche Siedlungsbewegung in Lodz	16
Fabriken und Paläste	38
Nicht nur Arbeit und Geld, auch Gebet und Almosen	74
Die Industriellen investieren in das Schulwesen	100
Wohin in der Freizeit?	112
Sich in den Zeitungen ausdrücken	120
Der Gedanke an die anderen	134
Die letzten Ruhestätten	159
Die Umgebung von Lodz	178
Von ihnen ist die Rede im Buch	195
Bibliographie	204
Namenindex	205

„*Wszystkimi drogami (...) ciągnęły tłumy ludzi, setki wozów skrzypiało, tysiące wagonów leciało jak błyskawice, tysiące westchnień wznosiło się i tysiące rozpalonych spojrzeń rzucało się w ciemność, z upragnieniem i gorączką szukając konturów tej ziemi obiecanej*".

Władysław Reymont *Ziemia obiecana*

„Auf allen Wegen (...) zogen Menschenmassen, Hunderte von Wagen knirschten, Tausende von Wagons schossen wie Blitze durch die Gegend, Tausende von Seufzern wurden ausgestoßen und Tausende feuriger Blicke durchdrangen die Dunkelheit und suchten gierig und fiebrig nach den Umrissen dieses Gelobten Landes".

Wladyslaw Reymont *Das Gelobte Land*

Wstęp

Wyznaczenie w 1820 r. niewielkiej Łodzi przez władze Królestwa Kongresowego na jeden z ośrodków tworzonego przemysłu sukienniczego zadecydowało o jej karierze, o niezwykle dynamicznym rozwoju. W pierwszym etapie (1820-1831) Łódź przekształciła się w osadę rękodzielniczą, w drugim (1832-1850) przyśpieszyła rozwój produkcji bawełnianej, by zdystansować tradycyjne ośrodki tekstylne (Ozorków, Zgierz), w trzecim (1851-1880) stała się centrum okręgu włókienniczego, a w czwartym (1881-1914) była jądrem formowania się łódzkiej aglomeracji miejsko-przemysłowej.

Lawinowo zwiększała się ludność miasta. W ciągu XIX w., jak żadne miasto w Europie, powiększyła Łódź swój potencjał demograficzny 1,6 tys. razy. Już w 1842 r. pod względem liczby mieszkańców (17 tys.) stała się drugim co do wielkości (po Warszawie) miastem zaboru rosyjskiego, a w 1914 r. liczyła prawie 0,5 mln osób. Wzrost ludności zdeterminowany był przyrostem naturalnym, jak i napływem osadników, zwłaszcza niemieckich. Ich dobre przygotowanie fachowe i protekcyjna polityka rządu Królestwa w stosunku do imigrantów przyczyniły się do szybkiej industrializacji Łodzi. Na początku lat 60. odsetek Niemców wśród ludności stałej miasta wynosił ok. 62%, potem do połowy lat osiemdziesiątych XIX stulecia oscylował w granicach 40-44%. Był to okres znacznej dominacji społeczności niemieckiej w różnych sferach życia. Wówczas siła żywiołu niemieckiego przyciągała ku swej kulturze, obyczajowości, potędze ekonomicznej niektóre odłamy ludności żydowskiej, czeskiej a nawet polskiej. W późniejszych latach, gdy nasiliły się procesy asymilacyjne w środowisku niemieckim i zmniejszał się udział Niemców w ogólnej liczbie stałych i niestałych mieszkańców Łodzi (1914 r. – 26,6%), ich rola w życiu społeczno--gospodarczym i kulturalnym miasta nadal była znacząca.

Wśród elity przemysłowej miasta (przedsiębiorców zatrudniających powyżej 1000 robotników) – 56% stanowili Niemcy. Spośród nich najwięcej było wielkich bourgeois. Na 14 największych łódzkich rodów przemysłowych – 9 było proweniencji niemieckiej, tj. Scheiblerowie--Herbstowie, Heinzlowie, Geyerowie, Grohmanowie, Eisertowie, Biedermannowie, Schweikertowie, Bennichowie i Steinertowie. Głównie z inspiracji tej grupy powstawały pierwsze podstawowe instytucje finansowe miasta (1872 r. – Bank Handlowy, Tow. Kredytowe m. Łodzi).

Prężnie rozwijała się wśród Niemców łódzkich dziedzina muzyki, szczególnie chóry (m.in. Lodzer-Männer-Gesang-Verein) reprezentujące wysoki poziom wykonania artystycznego. Niemały krąg odbiorców zyskał istniejący od 1882 r. teatr niemiecki „Thalia". Początki wielu dyscyplin sportowych jak kolarstwo, strzelectwo, piłka nożna, gimnastyka, tenis ziemny zawdzięcza bawełniany gród 22 niemieckim stowarzyszeniom sportowym. Także myśl zorganizowanej filantropii w postaci zawiązanego w 1885 r. Łódzkiego Towarzystwa Dobroczynności narodziła się w łonie społeczności niemieckiej.

Po I wojnie światowej w Polsce Odrodzonej mniejszość niemiecka, aczkolwiek stanowiła niespełna 9% ludności Łodzi, miała jednak silną pozycję ekonomiczną i kulturalną. Ukazywało się kilka tytułów prasowych na czele z Neue Lodzer Zeitung (od 1902 r.). Wysoki był odsetek Niemców wśród inteligencji (pracowników umysłowych) – 14% w 1931 r.

W 1945 r. Łódź przestała właściwie być miastem wielonarodowościowym. Zginęło bardzo wielu Żydów, a dobrowolny i przymusowy exodus Niemców spowodował, iż nieliczni z nich pozostali w mieście, przeważnie ci najbardziej spolonizowani. Po tych, co opuścili Łódź, pozostały ślady w budownictwie, architekturze, języku polskim, w życiu religijnym. Łatwo je dzisiaj odnaleźć.

Stefan Pytlas

Einleitung

Die Regierungsentscheidung des Kongreßpolens vom 1820, das kleine Lodz zu einem der Zentren der neu errichteten Textilindustrie zu machen, bestimmte die Entwicklung dieser Stadt, ihre ungewöhnliche, dynamische Entwicklung. Im ersten Abschnitt (1820-1831) entwickelte sich Lodz zu einer Manufaktursiedlung, im zweiten (1832-1850) hat es das Wachstumstempo der Baumwollproduktion beschleunigt, um die traditionllen Textilzentren zu überholen (Ozorkow, Zgierz), im dritten (1851-1880) wurde es selbst zum Zentrum der Textilregion, und im vierten schließlich (1881-1914) war es die Keimzelle der Entfaltung der Lodzer urbanen und industriellen Aglomeration.

Die Bevölkerung wuchs lavinenartig. Im 19. Jh. hat Lodz wie keine andere Stadt in Europa sein demographisches Potential um 1,6 tausend Mal vergrößert. Bereits 1842 wurde Lodz hinsichtlich der Bevölkerungszahl zur zweitgrößten Stadt nach Warschau im russisch verwalteten Teil Polens, und 1914 zählte es fast 0,5 Millionen Einwohner. Das Anwachsen der Bevölkerung wurde durch natürlichen Zuwachs und durch den Zustrom vor allem deutscher Siedler verursacht. Ihre gute Fachausbildung und die Politik der Regierung Kongreßpolens, die die Siedler unterstützte, trugen zur schnellen Industrialisierung der Stadt bei. Anfang der 60-ger Jahre gab es unter den Einwohnern mit erstem Wohnsitz in Lodz etwa 62 % Deutsche, danach, bis zur Hälfte der achtziger Jahre des 19. Jh. schwankte ihre Zahl zwischen 40-44 %. Das war eine Periode, in der die deutsche Bevölkerung in vielen Bereichen des städtischen Lebens dominierte. Die Vitalität des deutschen Elements in der Stadt zog damals in den Bann ihrer Kutur, ihrer Bräuche und industriellen Macht manche Elemente der jüdischen, tschechischen und sogar der polnischen Bevölkerung. In den späteren Jahren, als sich in den deutschen Bevölkerungsteilen die Assimilationsprozesse verstärkten und gleichzeitig die Zahl der Deutschen unter den Einwohnern mit erstem und zweitem Wohnsitz sank - blieb ihre Bedeutung im kulturellen und wirtschaftlichen Leben der Stadt weiterhin groß.

Innerhalb der industriellen Elite der Stadt (der Industriellen, die mehr als 1000 Arbeiter beschäftigten) waren 56 % Deutsche. Unter diesen wieder waren die Großbürger die größte Gruppe. Unter den 14 größten Industriellenfamilien waren neun deutscher Abstammung: die Scheiblers, Herbsts, Heinzels, Geyers, Grohmanns, Eiserts, Biedermanns, Schweikerts, Bennichs und Steinerts. Hauptsächlich durch Anregungen aus dieser Gruppe entstanden die ersten finanziellen Einrichtungen der Stadt (1872 die Handelsbank und das Kreditinstitut der Stadt Lodz).

Sehr stark entfaltete sich unter den Lodzer Deutschen die Musik, vor allem die Chöre (u. a. der Lodzer Männergesangsverein), die ein hohes küstlerisches Niveau hatten. Einen beträchtlichen Zuschauerkreis bekam das seit 1882 bestehende duetsche Theater „Thalia". Viele Sportarten wie Radfahren, Schießen, Fussball, Turnen, Tenis wurden in der Stadt dank der 22 deutschen Sportvereine betrieben. Auch der Gedanke, den Bereich der sozialen Hilfe zu organisieren, geht auf den 1885 gegründeten Lodzer Wohltätigkeitsverein zurück.

Nach dem ersten Weltkrieg hatte im wiederentstandenen Polen die deutsche Minderheit, obwohl sie nur noch 9% der Stadtbevölkerung ausmachte, weiterhin eine starke wirtschaftliche und soziale Position. Es erschienen einige Zeitschriften mit der Neuen Lodzer Zeitung (seit 1902) an der Spitze. Der prozentuale Anteil der Deutschen innerhalb der Intelligenz und der geistig Arbeitenden war hoch - 14 % im Jahr 1931.

1945 hörte Lodz auf, eine Vielvölkerstadt zu sein. Es sind sehr viele Juden umgekommen, und der freiwillige wie der erzwungene Exodus der Deutschen führte dazu, daß nur wenige in der Stadt zurückblieben, und zwar die, die am stärksten polonisiert waren. Diejenigen, die die Stadt verließen, hinterließen Spuren in der Bausubstanz, der Architektur, der polnischen Sprache und im religiösen Leben. Sie sind heute leicht zu entdecken.

Stefan Pytlas

Niemieckie osadnictwo w Łodzi

Myśląc o mieście przemysłowym wyobrażamy sobie zwykle rzędy monotonnych, smutnych domów, które stoją w cieniu potężnych, demonicznych fabryk. Łódź jednak nie odpowiada temu stereotypowi. Ci z Państwa, którzy dali się przekonać do zwiedzenia miasta, będą mieli okazję podziwiać niecodzienną architekturę i odczuć niepowtarzalną atmosferę.

Choć Łódź już w 1432 roku otrzymała na mocy prawa magdeburskiego prawa miejskie, uchodzi za miasto przemysłowe dopiero od niespełna 150 lat. Według starszych źródeł Łódź była w 1820 roku małym, liczącym zaledwie 800 mieszkańców, miasteczkiem, którego mieszkańcy zajmowali się przede wszystkim rolnictwem. Łódź rozwinęła się w ciągu jednego stulecia z małego miasta agrarnego w wielką metropolię przemysłową (w 1910 r. liczyła ponad 408 tys. stałych i niestałych mieszkańców).

W jaki sposób w ciągu jednego wieku miasto rozwinęło się do tego stopnia, że zostało nazwane „polskim Manchesterem" i stanowiło jeden z największych na kontynencie europejskim ośrodków przemysłu włókienniczego? W 1820 r. rząd Królestwa Polskiego rozpoczął realizację planu uprzemysłowienia kraju, chcąc m.in. rozwinąć produkcję włókienniczą. W tym celu podniesiono do rangi osad fabrycznych kilkanaście miejscowości leżących w trójkącie: Łęczyca – Kalisz – Tomaszów. Wśród nich znalazła się Łódź. Małe, rolnicze miasteczko spełniało szereg warunków niezbędnych do rozwoju przemysłu. Łódź leżała na uczęszczanym szlaku handlowym, łączącym Toruń z Krakowem i otoczona była rozległymi lasami, które

13

dostarczyć mogły materiału budowlanego i opałowego. W bezpośrednim sąsiedztwie miasta przepływało kilka rzeczek, których wody można było wykorzystać do napędu maszyn. Brakowało jedynie odpowiedniej ilości wykwalifikowanych rzemieślników: przędzarzy, tkaczy, farbiarzy, foluszników. Władze Królestwa Polskiego przeprowadziły szeroką akcję werbunkową w dotkniętych wówczas kryzysem ośrodkach włókienniczych w Wielkopolsce, na Śląsku, w północnych Czechach, Saksonii, Wirtembergii i w innych krajach niemieckich. Specjalni emisariusze przekonywali niemieckich rzemieślników do przesiedlania się na teren Królestwa Polskiego. Imigrantom stworzono nadzwyczaj korzystne warunki zamieszkania i pracy. Podstawowe zasady polityki osadniczej zostały sformułowane w „Umowie Zgierskiej", zawartej 30 marca 1821 r. pomiędzy przedstawicielem rządu a grupą niemieckich sukienników. Dokument ten, zwany „magna charta" przemysłu łódzkiego, zapoczątkował masowy napływ „pożytecznych cudzoziemców". Każdy osadnik otrzymywał nieodpłatnie w wieczystą dzierżawę działkę, która składała się z placu pod budowę i ogrodu. Zobowiązany był wystawić na niej w ciągu dwóch lat budynek mieszkalny. Drewno do budowy imigranci otrzymywali bezpłatnie z lasów miejskich, a cegłę kupowali po kosztach produkcji. Zwolnienie przez okres sześciu lat z wszelkich podatków ułatwiało zagospodarowanie się, tym bardziej że wszelkie narzędzia pracy, warsztaty, zapasy surowca i gotowe wyroby przywozili osadnicy bez opłat celnych. Dużą ulgę stanowiło też zwolnienie osadników i ich synów z obowiązku służby wojskowej. W licznych przypadkach zwracano imigrantom koszty podróży. Zadbano też o potrzeby duchowe przybyszy. Władze udzielały pomocy przy budowie szkół i kościołów ewangelickich, a duchowni otrzymywali pensje z budżetu. Imigranci mogli też zrzeszać się we własnych związkach i stowarzyszeniach. Mądra, protekcyjna polityka rządu Królestwa Polskiego sprawiła, że wielu niemieckich rzemieślników – włókniarzy zdecydowało się opuścić swoją ojczyznę.

Pierwsi fabrykanci, jak nazywano wówczas właścicieli warsztatów rzemieślniczych, osiedlili się w Łodzi w 1823 roku. Od 1824 r. liczba przybywających do miasta sukienników gwałtownie rosła. W roku 1827 r. rozpoczęła produkcję pierwsza przędzalnia bawełny Chrystiana Wendischa. Następną uruchomił w roku 1829 Ludwik Geyer, który w 1838 roku zainstalował w swoim przedsiębiorstwie pierwszą w Łodzi maszynę parową. Kolejny etap w rozwoju przemysłu łódzkiego otworzył w 1854 r. Karol Scheibler rozpoczynając budowę swego olbrzymiego przedsiębiorstwa. W swojej działalności przemysłowej przedsiębiorcy niemieccy bardzo często korzystali z preferencyjnych kredytów i pożyczek, których spłaty wielokroć umarzano. Podstawowe znaczenie dla rozwoju przemysłu łódzkiego miało jednak otwarcie chłonnych rynków zbytu w Rosji. Tam tkwił klucz do bogactwa łódzkich przedsiębiorców.

Do 1864 roku ludność niemiecka dominowała w Łodzi. Po uwłaszczeniu chłopów w Królestwie Polskim coraz liczniej napływała do miasta ludność polska. Także Żydzi cieszący się po 1862 roku pełnią praw publicznych zaczęli silnie angażować się w działalność handlową i przemysłową. Społeczność niemiecka cieszyła się zaufaniem i poparciem władz rosyjskich, które widziały w niej czynnik osłabiający polskie dążenia narodowe. Niemcy dysponowali swoimi własnymi szkołami, stowarzyszeniami, korespondowali z urzędnikami w języku ojczystym. Nawet podczas otwarcia linii kolei fabrycznej w 1865 roku carski namiestnik Królestwa Polskiego wygłosił mowę w języku niemieckim. Z biegiem czasu Łódź stała się znana poza granicami jako „miasto nieograniczonych możliwości, w którym złoto leży na ulicy". Przedstawiciele wielu narodowości: Niemcy, Polacy, Czesi, Rosjanie, Żydzi, próbowali znaleźć tu swoje szczęście, osiągnąć sukces, założyć własne przedsiębiorstwo w „Ziemi Obiecanej" i w ten sposób zapewnić byt swoim rodzinom.

W ostatnim dwudziestoleciu XIX wieku Łódź była już wielonarodową i wielowyznaniową metropolią, w której rytm życia wyznaczała pogoń za zyskiem. Większość fabryk włókienniczych znajdowała się w rękach niemieckich i żydowskich. Spora część ludności niemieckiej pracowała w rzemiośle i usługach. Przed I wojną światową Polacy rzadko zajmowali stanowiska kierownicze. W większości byli robotnikami. Liczny był też w Łodzi proletariat żydowski. Z biegiem czasu nasilały się procesy polonizacyjne. Większość mieszkańców Łodzi nie miała problemów z posługiwaniem się na co dzień trzema językami: niemieckim, polskim i jidysz. Liczne budynki i instytucje miejskie wzniesione i utworzone niegdyś przez niemieckich imigrantów coraz częściej służyły całej społeczności przemysłowego miasta.

Ten krótki szkic historyczny pozwoli zapewne Państwu uzyskać rozeznanie w okolicznościach pojawienia się Niemców w Łodzi i uwarunkowaniach ich bytu.

Pozostaje nam serdecznie zaprosić Państwa na spacer po „Ziemi Obiecanej".

Krzysztof Woźniak

Die Deutsche Siedlungsbewegung in Lodz

Denken wir an eine Industriestadt, stellen wir uns gewöhnlich eine Reihe monotoner, trauriger Häuser vor, die im Schatten mächtiger, dämonischer Fabriken stehen. Lodz entspricht aber diesem Stereotyp gar nicht. Diejenigen von Ihnen, die sich hiermit zu einer Stadtvisite haben überreden lassen, werden nun die Gelegenheit bekommen, eine nicht alltägliche Architektur zu bewundern und eine einmalige Atmosphäre nachzuempfinden.

Obwohl Lodz schon 1432 nach dem Magdeburger Recht die Stadtrechte verliehen bekam, gilt es erst seit nicht ganz 150 Jahren als eine Industriestadt. Nach älteren Quellen war Lodz 1820 ein kleiner, unbedeutender Ort, dessen Einwohner vor allem Landwirtschaft betrieben. Lodz hat sich im Verlauf eines Jahrhunderts aus einer kleinen Agrarsiedlung zu einer großen Industriemetropole entwickelt (1910 zählte Lodz über 408 000 Einwohner mit erstem und zweiten Wohnsitz).

In welcher Weise hat sich diese Stadt derart entwickelt, daß sie zu einem der wichtigsten Zentren der Textilindustrie auf dem europäischen Kontinent wurde? 1820 begann die Regierung Kongreßpolens den Plan der Industrialisierung des Landes durchzuführen, indem sie z.B. die Textilindustrie entwickeln wollte. Zu diesem Zweck hatten einige Städte, die auf dem Gebiet zwischen Łęczyca, Kalisz und Tomaszów lagen, den Titel einer Fabrikstadt erhalten. Unter ihnen war auch Lodz. Das kleine Agrarstädtchen erfüllte zahlreiche Bedingungen, die zur Entwicklung der Industrie notwendig waren. Lodz lag an der wichtigen Handelsstrecke zwischen Thorn und Krakau und war von großflächigen Waldgebieten umgeben, die Bau- und Brennstoff liefern konnten. In der Nähe der Stadt gab es für den Antrieb der Maschinen notwendige Wasserläufe. Es gab aber nicht genug qualifizierte Handwerker: Spinner, Weber, Färber, Tuchwalker. Die Regierung Kongreßpolens führte eine Werbeaktion in den damals von der Krise erfaßten Textilzenten in Großpolen, Schlesien, Nordtschechien, Sachsen, Württemberg und anderen deutschen Ländern. Besondere Werber als Regierungsgesandte sollten deutsche Handwerker zu einer Übersiedlung in die Gebiete Kongreßpolens bewegen. Man hat den Siedlern äußerst günstige Arbeits- und Lebensbedingungen angeboten. Die Grundprinzipien der Siedlungspolitik wurden im „Zgierzer Vertrag" formuliert, der am 30 März 1821 zwischen einem Vertreter der Regierung und einer Gruppe deutscher Tuchmacher abgeschlossen wurde. Dieses Dokument, das als „Magna Charta" der Lodzer Industrie bezeichnet wird, leitete eine massenhafte Ankunft der „nützlichen Ausländer" ein. Jedem Einwanderer wurde unentgeltlich ein Grundstück für den Bau des Wohnhauses und für einen Garten in Erbpacht übergeben. Der Grundstücksbesitzer mußte es innerhalb von zwei Jahren bebauen. Das Bauholz erhielten die Ansiedler aus dem Staatswald unentgeltlich und die Ziegel wurden zum Erzeugerpreis erworben. Die Befreiung von allen Steuern innerhalb von sechs Jahren erleichterte die Bewirtschaftung, umso mehr als die Einwanderer ihre Werkzeuge, Werkstätten, Rohstoffe und fertigen Erzeugnisse zollfrei einführen durften. Die Befreiung der Ansiedler und ihrer Söhne vom Militärdienst war auch eine große Erleichterung. Oft wurden den Ankömmlingen die Reisekosten zurückerstattet. Man kümmerte sich auch um die geistigen Bedürfnisse der Siedler. Die Behörden leisteten Hilfe beim Bau der Schulen und evangelischen Kirchen. Die Geistlichen erhielten ihr Gehalt von der Staatskasse. Die Immigranten hatten auch Recht auf eigene Vereine und Gesellschaften. Die kluge, schutzzöllnerische Politik Kongreßpolens führte dazu, daß sich viele deutsche Weber dazu entschlossen, ihre Heimat zu verlassen.

Die ersten Fabrikanten, wie man damals die Besitzer der Handwerkstätten nannte, siedelten sich 1823 in Lodz an. Ihre Zahl erhöhte sich beträchtlich 1824. Im Jahre 1827 hat Christian Wendisch die erste Baumwollspinnerei in Betrieb genommen. Die nächste Spinnerei wurde 1829 von Ludwig Geyer eröffnet, in der er 1838 die erste Dampfmaschine in Lodz installierte. Die nächste Etappe in der Entwicklung der Lodzer Industrie leitete 1854 Carl Scheibler mit dem Bau seines Riesenunternehmens ein. In ihrer Tätigkeit als Industrielle haben die Deutschen oft Vorzugskredite und Anleihen in Anspruch genommen, deren Zurückzahlung oft getilgt wurde. Die entscheidende Bedeutung für die Entwicklung der Lodzer Industrie hatte die Öffnung der aufnahmefähigen russischen Absatzmärkte. In Russland lag der Schlüssel für den Reichtum der Lodzer Industriellen.

Seit 1864 dominierte die deutsche Bevölkerung in Lodz. Nach der Abschaffung der Leibeigenschaft in Kongreßpolen strömten immer mehr Polen in die Stadt. Die Juden, die nach 1862 über volle Bürgerrechte verfügten, begannen sich stärker in die Handels- und Industrietätigkeit zu engagieren. Die deutsche Bevölkerung erfreute sich des Vertrauens und der Unterstützung der russischen Behörden, die sie als eine Gegenkraft gegen die polnischen Freiheitsbestrebungen ansahen. Die Deutschen verfügten über eigene Schulen oder Vereine und verkehrten mit den Behörden in ihrer eigenen Sprache. Sogar bei der Eröffnung der Eisenbahnlinie 1865 hielt der Vertreter des Zaren seine Rede in deutscher Sprache. Im Laufe der Zeit wurde Lodz im Ausland als die „Stadt der unbegrenzten Möglichkeiten" angesehen, in der „das Gold auf der Straße liegt". Vertreter vieler Nationalitäten: Deutsche, Polen, Tschechen, Russen, Juden versuchten hier ihr Glück und ihren Erfolg zu finden, im „Gelobten Land" eine eigene Fabrik zu gründen und so ihren Familien ein Auskommen zu sichern. In den letzten zwanzig Jahren des 19. Jahrhunderts war Lodz eine multinationale und multikonfessionelle Metropole, in der der Lebensrhythmus durch das Streben nach möglichst großem Gewinn gekennzeichnet war. Die meisten Textilfabriken waren in deutscher und jüdischer Hand. Ein beträchtlicher Teil der deutschen Bevölkerung war im Handwerk und im Dienstleistungssektor tätig. Die Polen nahmen vor dem ersten Weltkrieg selten leitende Stellungen ein. Sie waren vor allem als Arbeiter tätig. In Lodz war auch das jüdische Proletariat zahlreich vertreten. Im Laufe der Zeit machten sich die Assimilierungsprozesse stark bemerkbar. Die meisten Lodzer hatten keine Probleme sich der drei Sprachen: Deutsch, Polnisch und Jiddisch zu bedienen. Zahlreiche Gebäude und Institutionen in der Stadt, die einmal von deutschen Immigranten gebaut oder geschaffen wurden, dienten immer häufiger der ganzen Bevölkerung der Industriestadt.

Diese kleine historische Skizze soll Ihnen ein Bild von der deutschen Siedlungsbewegung und den Bedingungen ihrer Existenz in Lodz vermitteln.

Und nun laden wir Sie herzlich ein zum Spaziergang durch das „Gelobte Land"

Übersetzung: Krystyna Radziszewska

Fabryki i pałace

Fabriken und Paläste

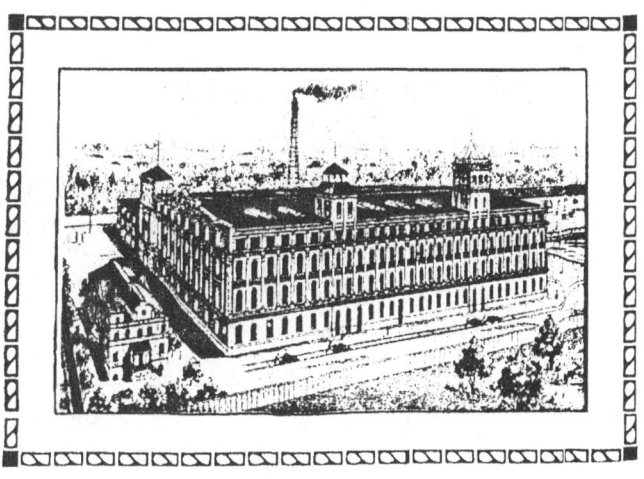

Fabryki i pałace

Czyli szlakiem niemieckich fabryk i pałaców

**Piotrkowska • Pabianicka • Księży Młyn
park Źródliska • Lamus (Targowa, Tylna, Fabryczna)
Piłsudskiego • Kilińskiego • Północna • Franciszkańska
Hipoteczna**

„(...) po obu stronach ulicy stały zbitą masą domy, pałace podobne do zamków włoskich, w których były składy bawełny, zwykłe pudła murowane o trzech piętrach, poobdzierane z tynków i domy zupełnie stylowe o złoconych balkonach żelaznych barocco (...) pełne amorków na fryzach (...); malutkie drewniane domki o zielonych omszonych dachach, za którymi wznosiły się w dziedzińcach potężne kominy i korpusy fabryk, tuliły się do boku pałacu o ciężkim renesansowo-berlińskim stylu (...) – Cudne miasto (...)"– tymi słowami uwiecznił Władysław Reymont w *Ziemi obiecanej* pełne architektonicznych kontrastów oblicze głównej ulicy miasta – traktu piotrkowskiego.

*P*rzybywający do Łodzi przyszli wielcy fabrykanci przywozili ze sobą śmiałe pomysły i nadzieje, ale nie od razu dysponowali wielkimi fortunami. Początkowo mieszkali w skromnych małych domkach. Wraz z rozkwitem

Fabryki i pałace

przemysłu tekstylnego ich majątki powiększały się, zatem aby zaznaczyć rosnący prestiż społeczny budowali coraz to bardziej okazałe pałace i fabryki. Właśnie przy trakcie piotrkowskim (obecnie ul. Piotrkowska) skupiała się ówczesna elita miasta, toteż od ulicy Piotrkowskiej proponujemy rozpocząć spacer szlakiem wielkich fortun fabrykanckich.

1.	Dom Karola Scheiblera (ul. Piotrkowska 11)	22
2.	Hotel Grand (ul. Piotrkowska 72)	22
3.	Pasaż Meyera (ul. Moniuszki)	23
4.	Pałac Heinzla (ul. Piotrkowska 104)	25
5.	Willa Kindermannów (ul. Piotrkowska 137)	26
6.	Willa Kindermannów (ul. Piotrkowska 151)	26
7.	Pałac Wilhelma Schweikerta (ul. Piotrkowska 262)	27
8.	Pałac Scheiblerów (ul. Piotrkowska 266-268)	28
9.	Dom Karola Steinerta (ul. Piotrkowska 272a-272b)	29
10.	„Biała Fabryka" Geyera (ul. Piotrkowska 282-284)	29
11.	Dworek Ludwika Geyera (ul. Piotrkowska 284-286)	30
12.	Willa Ernsta Leonhardta (ul. Pabianicka 2)	30
13.	Bielnik Tytusa Kopischa (ul. Tymienieckiego 5)	31
14.	Lamus (ul. Targowa, Tylna, Fabryczna)	31
15.	Wodny Rynek (park Źródliska / plac Zwycięstwa)	33
16.	Księży Młyn (ul. Tymienieckiego, Przędzalniana, Kilińskiego)	34
17.	Widzewska Manufaktura (al. Piłsudskiego)	35
18.	Pałac Biedermannów (ul. Kilińskiego 4)	35
19.	Willa Leopolda Rudolfa Kindermanna (ul. Wólczańska 31/33)	36
20.	Majątek Teodora Buhle (ul. Hipoteczna 7/9)	37

1 Dom Karola Scheiblera – ul. Piotrkowska 11

Budynek, którego architektem był Hilary Majewski, został wybudowany w roku 1882. Masywna brama z filarami nadaje mu charakter monumentalny. Przez pewien czas mieściła się tu redakcja dwujęzycznego pisma polsko-niemieckiego „Łódzkie Ogłoszenia – Lodzer Anzeiger", której wydawcą był Jan Petersilge.

2 Hotel Grand – ul. Piotrkowska 72

Powstanie hotelu nieodzownie łączy się z nazwiskiem jednego z większych fabrykantów łódzkich – Ludwika Meyera. Pierwotnie w budynku znajdowała się fabryka Edwarda Hentschla. Dotychczasowe pomieszczenia fabryczne (ul. Piotrkowska 72) przebudowano pod kierunkiem architekta Hilarego Majewskiego na najbardziej komfortowy hotel w mieście, Grand Hotel. Świadczy on swoje usługi nieprzerwanie od 1888 roku. Wypoczywało tu przez ten czas wiele osobistości, m.in. słynni polscy pisarze Władysław Reymont i Henryk Sienkiewicz, muzycy tej klasy co Artur Rubinstein i Ignacy Jan Paderewski czy też śpiewak Jan Kiepura, który śpiewał dla łodzian

z balkonu hotelowego. Dziś Hotel Grand ma do zaoferowania 192 komfortowe pokoje wyposażone w TV-sat, w tym 10 apartamentów, centrum biznesowe dysponujące telexem, faxem i łącznością satelitarną, salon kosmetyczny, fryzjerski, salę bilardową, kwiaciarnię, butik z elegancką konfekcją i wiele innych atrakcji.

Pasaż Meyera – ul. Moniuszki 3

W 1886 roku Ludwik Meyer na mocy umowy z magistratem wytyczył na terenie nowo zakupionych gruntów ulicę, którą oficjalnie nazwano „pasażem" (obecnie ul. Moniuszki). Nowa ulica, pasaż Meyera, przebiegała

na odcinku od ul. Piotrkowskiej do ul. Dzikiej (obecnie ul. Sienkiewicza). W chwili powstania pasażu istniały przy nim dwa budynki: dom należący do Geyera (ul. Piotrkowska 74) oraz kamienica będąca własnością małżeństwa Działowskich (ul. Piotrkowska 76). Wszystkie kamienice Meyera zostały zbudowane według projektu Hilarego Majewskiego. Były to głównie budowle neorenesansowe. Aż osiem z nich powstało w latach 1886-1888. Szczególnie godna uwagi jest neobarokowa rezydencja fabrykanta (posesja nr 4), której chlubą był wspaniały ogród ze znajdującą się w nim fontanną. Ogród nie zachował się do naszych czasów, a na jego miejscu w latach 30. wybudowano gmach, w którym mieściła się siedziba YMCA – Chrześcijańskiego Stowarzyszenia Młodzieży Męskiej. Rezydencję Meyera oddzielał od ulicy rząd murowanych filarów, ozdobionych misternie kutymi kratami. Pasaż nie przyniósł Meyerowi spodziewanych dochodów, w wyniku czego na początku XX wieku fabrykant postanowił

postanowił sprzedać stojące przy nim domy. Była to być może nierentowna, ale z pewnością najbardziej elegancka ulica miasta, a zarazem jedna z najbardziej nowoczesnych, bo posiadająca elektryczność, kanalizację i gaz. Tutaj mieszkała elita Łodzi, m.in. ówczesny prezydent miasta Władysław Pieńkowski, fabrykant Zygmunt Jarociński, adwokat Henryk Elzenberg. Mieściła się tu również redakcja i drukarnia „Dziennika Łódzkiego".

Pałac Juliusza Heinzla – ul. Piotrkowska 104 — 4

Budynek pałacu, który obecnie jest siedzibą Urzędu Miasta Łodzi, został zbudowany według projektu Hilarego Majewskiego. Budowla posiada zarówno cechy eklektyczne, jak i neobarokowe. Dach pałacu wieńczy alegoryczna rzeźba, mająca przedstawiać przemysł i handel. Od momentu powstania do dziś uchodzi on za najładniejszy budynek przy ulicy Piotrkowskiej. Składający się z dwóch kondygnacji pałac utrzymany jest w ciężkim berlińskim stylu. Po jego bokach znajdują się dwa zwieńczone wieżami pawilony. Obok mieściła się również manufaktura wyrobów wełnianych i półwełnianych. Na zabudowę fabryki składało się pięć wielokondygnacyjnych budynków, które stanowiły typowy przykład architektury fabrycznej

drugiej połowy XIX wieku, co sprawiało, że kontrastowała z architekturą początków Łodzi przemysłowej, kiedy to budowano tynkowane „białe fabryki" utrzymane w stylu klasycystycznym. Zakłady Heinzla były surowymi, czerwonymi budowlami w stylu fortecznym. Ciężkie, monumentalne gmachy zdobiły olbrzymie fasady i potężne bramy. Całość tworzy charakterystyczny dla okresu wielkokapitalistycznego lat 1870-1890 zespół fabryczno-rezydencjalny.

5/6 Wille Kindermannów – ul. Piotrkowska 137 i 151

Willa przy ul. Piotrkowskiej 137 powstała w 1907 roku. Autorem projektu architektonicznego był Gustaw Landau-Gutenteger. Nawiązującą do włoskiego renesansu budowlę zdobi do dziś niezwykle piękna mozaika,

przedstawiająca alegorię handlu morskiego. Pałac posiadał szczególnie ciekawe wnętrza oraz witraże, z których ocalał tylko jeden, przedstawiający pływające po stawie łabędzie.

W 1910 roku Kindermannowie wybudowali jeszcze jedną willę – przy ul. Piotrkowskiej 151 – utrzymaną w podobnym stylu. Wystrój sal miał natomiast charakter neobarokowy.

Mówiąc o Kindermannach nie sposób pominąć pięknej willi przy ul. Wólczańskiej 31/33, która jest przedostatnim punktem na naszym szlaku (patrz str. 36).

Pałac Wilhelma Schweikerta – ul. Piotrkowska 262   7

*P*ałac zbudowany w 1913 r. wg projektu Roberta Millera dla Emmy i Wilhelma Schweikertów odróżnia się od innych siedzib łódzkiej burżuazji. Jest przykładem rezydencji fabrykanckiej o cechach wolno stojącej siedziby wiejskiej. Jednopiętrowy budynek z wysokim parterem przykryty jest dachem mansardowym. Front zdobi kolumnowy portyk z półkolistym podjazdem. Układ wnętrz wiązał funkcjonalność pomieszczeń z reprezentacyjnością. Parter z okazałą klatką schodową miał charakter reprezentacyjny. Na piętrze mieściły się pokoje prywatne i sypialnie właścicieli oraz łazienka na planie elipsy. Przed pałacem znajduje się reprezentacyjny dziedziniec, a po jego bokach usytuowane są budynki gospodarcze (stróżówka z oficynami, stajnia i wozownia). Od ulicy oddziela pałac żeliwne ogrodzenie z dwiema bramami. Z tyłu pałacu rozciąga się obfitujący w egzotyczne drzewa ogród, łączący cechy geometrycznego ogrodu włoskiego i klasycystycznego ogrodu francuskiego. Obecnie pałac jest siedzibą Instytutu Europejskiego.

8 Pałac Scheiblerów – ul. Piotrkowska 266-268

Pierwotnie budynek ten należał do farbiarza Karola Gebhardta, później do Leonarda Fesslera. Karol Scheibler I kupił go dla swoich córek. Dom był dwukrotnie przebudowywany: w 1891 roku według projektu H. Majewskiego i w 1894 roku według projektu F. Chełmińskiego, który nadał mu cechy pałacowe. Od tego czasu budynek ma charakter eklektyczny. We wnętrzach zachowały się oryginalne kominki i sztukaterie przedstawiające sceny mitologiczne. Dziś w gmachu tym mieści się siedziba Politechniki Łódzkiej.

Dom Karola Steinerta – ul. Piotrkowska 272a-272b 9

Część pomieszczeń w posesji przy ul. Piotrkowskiej 272b zajmował Steinert wraz z żoną i synem, reszta przeznaczona została na drukarnię perkalu.

Znacznie bardziej okazały był pałac przy ul. Piotrkowskiej 272a, którego budowę rozpoczęto w 1909 roku. Projekt architektoniczny wykonał berlińczyk Alfred Balcke. Wzniesiona symetrycznie budowla stanowi do dziś jeden z ciekawszych zabytków Łodzi. Na uwagę zasługują bramy prowadzące do każdej części pałacu. Obecnie w pałacu ma swoją siedzibę wiele prywatnych i państwowych instytucji, m.in. Naczelna Redakcja Wydawnictw Prasowych LOK oraz biblioteka rejonowa.

„Biała Fabryka" – ul. Piotrkowska 282-284 10

„Biała Fabryka" Ludwika Geyera (obecnie Centralne Muzeum Włókiennictwa) znajdująca się przy ul. Piotrkowskiej 282/284 jest do dziś najbardziej znanym obiektem fabrycznym w Łodzi. Powstała w latach 1835-

1837 biało tynkowana fabryka znajduje się w sąsiedztwie stawu. W 1838 roku stanęła w niej kotłownia z pierwszym w Łodzi kominem fabrycznym. Na dachu fabryki znajdował się kiedyś dzwon wzywający ludzi do pracy. Ludwik Geyer był pierwszym fabrykantem w Łodzi, który w swoim zakładzie zainstalował maszynę parową. Została ona zakupiona w Belgii, w firmie braci Cockerill. W 1840 roku fabryka zatrudniała około 600 osób. Obok fabryki pod nr 280 znajduje się jednopiętrowy budynek, w którym odbywały się kiedyś potańcówki, spotkania towarzyskie oraz przedstawienia teatralne. Ze względu na funkcje, jakie pełnił, nazwano ten budynek „Domem zabaw".

11 Dworek Ludwika Geyera – ul. Piotrkowska 284-286

Teren przy ulicy Piotrkowskiej 284/286 otrzymał Geyer w dzierżawę od władz lokalnych tuż po przybyciu do Łodzi w roku 1828. Powstała tu niewielka fabryka perkalu oraz pierwsza siedziba Ludwika Geyera – mały drewniany trzyizbowy domek. Wkrótce na jego miejscu stanął znacznie okazalszy, murowany dworek z trzema izbami i pokoikiem na piętrze, który przetrwał do dnia dzisiejszego.

12 Willa Ernsta Leonhardta – ul. Pabianicka 2

Ernst Leonhardt usytuował swoją willę przy ulicy Pabianickiej 2, niedaleko placu Niepodległości. Kiedyś plac ten nazywano od jego nazwiska placem Leonarda. Wybudowana w roku 1900 wg projektu Ignacego Markiewicza rezydencja utrzymana jest w stylu neorenesansowym i opiera się na planie prostokąta. Uwagę przykuwa wykusz, w którym mieścił się kiedyś ogród zimowy. W domu urządzono warsztat tkacki, który miał przypominać o rodzinnych tradycjach. Wokół pałacu na piaszczystym podłożu założono dzięki znacznym nakładom pieniężnym duży park, który do dziś jest ozdobą południowej części Łodzi. Obecnie znajduje się tutaj Urząd Stanu Cywilnego Łódź-Górna.

Bielnik Tytusa Kopischa – ul. Tymienieckiego 5 | 13

Budynek ten jest najstarszym istniejącym do dziś obiektem przemysłowym w Łodzi. Klasycystyczny bielnik wzniesiony został w latach 1826-1828 staraniem rządu Królestwa Polskiego. Od 1828 roku należał do Tytusa Kopischa, producenta płótna lnianego, przybyłego do Łodzi ze Śląska. Jednopiętrowy budynek bielnika przypomina swoją zewnętrzną architekturą bardziej obszerny dworek niż zakład przemysłowy. Obecnie mieści się w nim Bank Przemysłowy.

Lamus – ul. Targowa, ul. Tylna, ul. Fabryczna | 14

Lamus to teren między ulicami Tylną, Targową oraz Fabryczną, który w wieczystą dzierżawę przejął Traugott Grohman (1785-1874). Przy ul. Targowej 64 uruchomił poruszaną siłą wody przędzalnię mechaniczną i tkalnię bawełny. Całe swoje życie Traugott Grohman spędził w niezbyt okazałym domu, który stoi przy ul. Tylnej 14. Po jego śmierci fabrykę przejął syn – Ludwik Grohman (1826-1889), który w 1881 roku wybudował willę, odpowiadającą coraz wyższej pozycji ekonomicznej rodziny. Jednopiętrowa willa, zaprojektowana przez Hilarego Majewskiego, znajdowała się w są-

siedztwie starego domu ojca i przędzalni (obecnie ul. Tylna 9/11). Forma architektoniczna budynku przypomina włoski renesans, o czym świadczą: wysokie podpiwniczenie, portyk z czterema kolumnami oraz bryła urozmaicona tarasami. Brama wjazdowa została ozdobiona inicjałami Ludwika Grohmana.

Następnie firmą kierował syn Ludwika – Henryk Grohman (1862-1939), który w znacznym stopniu przyczynił się do rozbudowy zakładów. W 1889 roku otworzył on przy ul. Tymienieckiego 24 nowoczesną przędzalnię cienkoprzędną oraz wybudował okazałą willę. Projektantem willi był Hilary Majewski. Jej forma architektoniczna nie przypominała fabrykanckiej willi, lecz budynek biurowy, posiadający jednak wspaniałe komfortowe wnętrza. Szczególnie interesujący jest gabinet z kominkiem, sala koncertowa oraz sala balowa z zachowanymi w niej oryginalnymi żyrandolami. Obecnie w willi mieści się prywatne Muzeum Książki Artystycznej.

Wodny Rynek – park Źródliska, plac Zwycięstwa 15

Grunty przy Wodnym Rynku (obecnie plac Zwycięstwa), wydzierżawił w 1854 roku Karol Wilhelm Scheibler. W 1855 roku uruchomił tu przędzalnię bawełny zwaną „Centralą". Fabryka szybko się rozrastała. W skład zachowanego do dzisiaj kompleksu obiektów przemysłowych wchodziły budynki przędzalni, tkalni, wykończalni, kotłowni i magazynu.

Uszeregowane jeden za drugim, wykonane z nie otynkowanej cegły, były wówczas interesującą nowością, gdyż do końca lat 60. XIX wieku obowiązywały w Królestwie Polskim przepisy nakazujące tynkowanie elewacji nie tylko budynków mieszkalnych, ale i fabryk.

W 1856 roku również przy Wodnym Rynku powstał parterowy, kilkuizbowy dom usytuowany obok przędzalni. Przebudowany w 1865 roku według projektu J. K. Mertschinga stał się pałacem, piękniejszym nawet od rezydencji Ludwika Geyera. Kolejna przebudowa miała miejsce w latach 80. Kierował nią warszawski architekt Edward Lilpop. Przebudowany pałac wydawał się z zewnątrz stonowany i pełen umiaru, jednakże pełne przepychu wnętrze nie pozostawiało wątpliwości co do gustów właścicieli. Przed pałacem znajdował się park z fontanną, drzewami pomarańczowymi i stawem. Prócz pomieszczeń mieszkalnych pałac posiadał kilka sal reprezentacyjnych: salę lustrzaną, zwaną dziś salą Wajdy (w której polski reżyser kręcił zdjęcia do filmu *Ziemia obiecana*), salę koncertową, rokokową z piecem indygo i „palarnię turecką". Szczególnie ciekawe są niezwykle różnorodne kominki, z których jeden zdobi mozaika Salvattiego *Kobieta w stroju orientalnym*.

16 Księży Młyn – Tymienieckiego, Przędzalniana, Kilińskiego

Nad Jasienią, na terenach zwanych Księżym Młynem wybudował Karol Scheibler w 1873 roku nowy gmach przędzalni (obecnie ulica Tymienieckiego 25). Tereny te należały wcześniej do K. F. Wendischa. Po nim przędzalnię przejął rząd, a następnie od 1845 roku F. K. Moes, potem T. Krusche i od 1870 Karol Scheibler, który w 1873 roku wybudował nowy gmach przędzalni. Architektura budynku, zrywając z bezstylowością lat 50., dała początek nowemu etapowi w rozwoju budownictwa przemysłowego. Przędzalnia spłonęła, ale już w 1877 roku została odbudowana i w tym stanie, aczkolwiek z drobnymi zmianami, zachowała się do dziś.

W latach 1875-1878 Scheibler wybudował również osiedle dla robotników na Księżym Młynie (obecnie ul. Przędzalniana 46-67). Na jego terenie znajdowała się nieodpłatna szkoła dla dzieci robotników, darmowy szpital, sklep i klub dla robotników. Do budowy domów użyto czerwonej cegły. Warto nadmienić, iż na ulicach osiedla istnieje do dziś autentyczny bruk z XIX wieku.

Widzewska Manufaktura – al. Piłsudskiego 17

Przedsiębiorstwa Widzewskiej Manufaktury Bawełnianej należały niegdyś do Kunitzera i Heinzla. W 1879 roku zakupił Kunitzer ziemię w zachodniej części wsi Widzew, gdzie wybudował przędzalnię i tkalnię bawełny wyposażoną w nowoczesne maszyny. W niedługim czasie powstało tam również osiedle domów robotniczych, mieszczących się po obu stronach szosy Rokicińskiej (zwanych też domami kunitzerowskimi). Nowo zbudowane zakłady wkrótce spłonęły, a ponieważ nie były ubezpieczone, straty mocno nadszarpnęły zasoby finansowe przedsiębiorcy. Pomocy udzielił mu inny łódzki fabrykant Juliusz Heinzel, wspólnie z którym Kunitzer w latach 1879-1900 zbudował na miejscu spalonej fabryki nowe zakłady. W 1889 roku zostały one przekształcone w Spółkę Akcyjną Wyrobów Bawełnianych Heinzel i Kunitzer.

Pałac Biedermannów – ul. Kilińskiego 4 18

Pałac przy ulicy Kilińskiego 4 należał do Roberta Biedermanna. Neorenesansowa rezydencja powstała w 1878 roku. Architekt stanął przed

bardzo trudnym problemem. Mając do dyspozycji działkę pozbawioną zieleni wciśniętą w wąską, ciasno zabudowaną ulicę, musiał stworzyć dzieło wyjątkowe. Z powierzonego zadania wywiązał się znakomicie, nadając pałacowi formę, która wskazywała na pokrewieństwo z architekturą renesansowych pałaców florenckich wznoszonych na gęsto zabudowanym terenie. Trzykondygnacyjny pałac podwyższono w trakcie rozbudowy o jedną kondygnację.

W późniejszym czasie przy ulicy Północnej powstała kolejna rezydencja rodziny Biedermannów. Jej właścicielem był Alfred Biedermann.

19 Willa Leopolda Kindermanna – ul. Wólczańska 31/33

Secesyjna willa Leopolda Rudolfa Kindermanna przy ul. Wólczańskiej 31/33 zaliczana jest do najpiękniejszych w Polsce. Powstała ona w 1902 roku na parceli, którą w wianie wniosła żona Leopolda Rudolfa – Laura z d. Feder. Willa ma fantazyjny, nieregularny kształt. Umieszczony na froncie wąskiej i długiej działki budynek przylega jedną ścianą do kamienicy sąsiedniej posesji. Każde okno pałacu ma inny wymiar i wykrój. Okna znajdujące się od strony ulicy zabezpieczono kratą ozdobioną ornamentami roślinnymi. Szczególnie bogate jest obramowanie jednego z okien na par-

terze mające kształt dwóch drzew o bujnych koronach liści i splątanych korzeniach, w których czai się lis. Pięknymi elementami budowli są także barwne witraże oraz wnętrza z motywami kwiatów róży, jabłoni, irysów i maków. Willa została zaprojektowana przez Gustawa Landau-Gutentegera. Dziś budynek ten zajmuje Państwowa Galeria Sztuki.

Majątek Karola Teodora Buhle – ul. Hipoteczna 7/9 — 20

Na Żubardziu przy ul. Hipotecznej 7/9 Karol Teodor Buhle założył ze szwagrem Ottonem Juliuszem Schultzem farbiarnię (obecnie Zakłady Przemysłu Jedwabniczego „Ortal"). W pobliżu fabryki znajdowała się rezydencja fabrykanta (obecnie siedziba Banku Śląskiego).

Ewelina Bartkiewicz
Marta Roszkowska
Monika Wojciechowska

Fabriken und Paläste

D. h. auf den Spuren deutscher Fabriken und Paläste

**Piotrkowska • Pabianicka • Księży Młyn
park Źródliska • Lamus (Targowa, Tylna, Fabryczna)
Piłsudskiego • Kilińskiego • Północna
Franciszkańska • Hipoteczna**

„(...) auf beiden Seiten der Straße erhob sich die dichgedrängte Masse der Häuser und Bauten, Palais, die italienischen Schlössern ähnelten und in denen sich Baumwolläden befanden, einfache gemauerte, dreistöckige Kästen, von denen der Verputz abfiel und stilvolle Häuser mit eisernen vergoldeten Barockbalkonen (...), voller Puten an den Gesimsen (...); es gab auch kleine Häuschen mit grünen, moosbedeckten Dächern, hinter denen sich in den Höfen die mächtigen Schornsteine erhoben und die Fabriklaiber sich an die Seiten der Paläste schmiegten, die in einer behäbigen Berliner Renessaincemanier erbaut waren (...) – Eine wunderbare Stadt (...)" – mit diesen Worten hat Wladyslaw Reymont in „Das Gelobte Land" das Aussehen der Hauptstrasse der Stadt – der Piotrkowskaarterie charakterisiert, die voller architektonischer Kontraste ist.

Die nach Lodz strömenden zukünftigen Fabrikanten brachten kühne Entwürfe und Hoffnungen mit, sie verfügten aber nicht von Anfang an

Fabriken und Paläste

über große Vermögen. Sie wohnten zuerst in bescheidenen kleinen Häusern. Mit dem Erblühen der Textilindustrie wuchsen auch ihre Vermögen, und daher bauten sie immer imposantere Paläste und Fabriken, um ihr wachsendes Sozialprestige zu betonen. Eben an der Piotrkowskaarterie (heute ulica Piotrkowska) konzentrierte sich die damalige Elite der Stadt. Daher schlagen wir vor, den Spaziergang entlang der Trasse der großen Fabrikantenvermögen zu beginnen.

1.	Das Scheibler-Haus (ul. Piotrkowska 11)	40
2.	Hotel Grand (ul. Piotrkowska 72)	40
3.	Die Meyer-Passage (ul. Moniuszki)	41
4.	Das Heinzel-Palais (ul. Piotrkowska 104)	42
5.	Die Kindermann-Villa (ul. Piotrkowska 137)	43
6.	Die Kindermann-Villa (ul. Piotrkowska 151)	43
7.	Das Schweikert-Palais (ul. Piotrkowska 262)	44
8.	Das Scheibler-Palais (ul. Piotrkowska 266-268)	45
9.	Das Haus Karl Steinerts (ul. Piotrkowska 272a-272b)	45
10.	„Die weiße Fabrik" Geyers (ul. Piotrkowska 282-284)	45
11.	Das Ludwig-Geyer-Palais (ul. Piotrkowska 284-286)	47
12.	Die Ernst-Leonhardt-Villa (ul. Pabianicka 2)	47
13.	Die Kopisch-Bleicherei (ul. Tymienieckiego 5)	47
14.	Lamus (ul. Targowa, Tylna, Fabryczna)	48
15.	Wodny Rynek (park Źródliska – plac Zwycięstwa)	48
16.	Księży Młyn (ul. Tymienieckiego, Przędzalniana, Kilińskiego)	49
17.	Die Widzewer Manufaktur (al. Piłsudskiego)	50
18.	Das Biedermann-Palais (ul. Kilińskiego 4)	50
19.	Die Leopold-Rudolf-Kindermann-Villa (ul. Wólczańska 31/33)	51
20.	Das Theodor-Buhle-Anwesen (ul. Hipoteczna 7/9)	52

1 Das Scheibler-Haus – ul. Piotrkowska 11

Das Haus, dessen Architekt Hilary Majewski war, wurde 1882 erbaut. Das wuchtige Portal mit seinen Säulen verleiht ihm einen monumentalen Charakter. Eine Zeitlang befand sich hier die Redaktion der zweisprachigen Zeitschrift „Lodzkie Ogloszenia – Lodzer Anzeiger", die von Jan Petersilge herausgegeben wurde.

2 Hotel Grand – ul. Piotrkowska 72

Die Entstehung des Hotels ist unzetrennlich mit dem Namen eines der größten Lodzer Fabrikanten, Ludwig Meyer, verbunden. Ursprünglich befand sich in dem Gebäude die Fabrik Eduard Hentschels. Das bisherige Fabrikgebäude wurde unter der Leitung des Architekten Hilary Majewski in das komfortabelste Hotel der Stadt umgebaut, in das Hotel Grand. Seit 1888 leistet es ununterbrochen seine Dienste. Hier fanden seitdem viele Persönlichkeiten Unterkunft, unter ihnen die berühmten polnischen Schriftsteller Wladyslaw Reymont und Henryk Sienkiewicz, Musiker vom Rang eines Artur Rubinstein und Ignacy Jan Paderewski, wie auch der Sänger Kiepura, der für die Lodzer vom Balkon aus gesungen hat. Heute bietet das Hotel Grand 192 mit Satelitenfernsehen ausgestattete Komfortzimmer, darunter zehn Appartements, ein Businesszentrum, das über Telex, Fax und Satelitentelefon verfügt, einen Kosmetiksalon, einen Friseursalon, einen Billardsaal, einen Blumenladen, eine elegante Boutique und viele andere Attraktionen an.

Die Meyer – Passage – ul. Moniuszki 3

Ludwig Meyer hat 1886 auf Grund eines Vertrages mit dem Stadtrat eine Straße auf einem neu erworbenen Gelände abgesteckt, die man offiziell „Passage" nannte (heute ul. Moniuszki). Die neue Straße, die Meyer-Passage, verlief in dem Abschnitt von der Piotrkowska bis zur Dzika (heute ul. Sienkiewicza). Als die Passage enstand, gab es dort zwei Gebäude: ein Haus, das Geyer gehörte (ul. Piotrkowska 74) und ein Gebäude, das Eigentum des Ehepaars Działkowski war (ul. Piotrkowska 76). Alle Meyer-Häuser wurden nach den Plänen des Hilary Majewski errichtet: Es waren vor allem Gebäude im Stil der Neorennaissance. Bis zu acht von ihnen entstanden in den Jahren 1886-1888.

Besondere Aufmerksamkeit verdient die neobarocke Residenz des Fabrikanten (Besitz Nr. 4), deren Zier aus einem wunderbaren Garten mit einem Brunnen bestand. Der Garten wurde bis heute nicht erhalten, und an seiner Stelle wurde in den dreißiger Jahren ein Gebäude errichtet, in dem sich der Sitz der YMCA befand – der Christlichen Vereinigung der Männlichen Jugend (heute Jugendpalais). Die Meyer-Residenz wurde von der Straße durch eine Reihe gemauerter Pfeiler abgegrenzt, die mit kunstvoll geschmiedeten Gittern verziert waren. Die Passage brachte Meyer den erhofften Gewinn nicht, und daher beschloß der Fabrikant, die Häuser an dieser Passage zu verkaufen. Die Passage war damals vielleicht keine gewinnbringende, aber mit Sicherheit die eleganteste und auch die modernste Straße der Stadt, denn sie war mit Strom, Kanalisation und Gas ausgestattet. Hier wohnte die Elite der Stadt Lodz, u. a. der damalige Bürgermeister der Stadt Władysław Penkowski, der Fabrikant Zygmunt Jarocinski, der Rechtsanwalt Hernyk Elzenberg. Hier befand sich auch die Redaktion und die Druckerei des „Dziennik Łódzki".

4 Das Heinzel-Palais – ul. Piotrkowska 104

*D*as Palais, in dem sich heute die Stadtverwaltung befindet, wurde nach einem Plan des Architekten Hilary Majewski errichtet. An dem Gebäude entdeckt man sowohl eklektizistische als auch neobarocke Stilzüge. Das Dach des Palais wird von einer Skulptur gekrönt, die die Industrie und den Handel darstellen soll. Von seiner Entstehung an bis heute gilt das Gebäude als das schönste an der ganzen ul. Piotrkowska. Das Palais, das zwei Stockwerke hat, ist in einem behäbigen Berliner Stil gehalten. An seinen Seiten befinden sich zwei Pavillons, die mit Türmen gekrönt sind. Daneben befand sich die Manufaktur der Woll- und Halbwollerzeugnisse. Die Fabrik bestand aus fünf mehrstöckigen Gebäuden, die für die Fabrikarchitektur der zweiten Hälfte des 19. Jh. typisch sind. Das führte dazu, daß sie einen Kontrast zur Industriearchitektur aus den Anfängen der Industriestadt Lodz bildeten, als man verputzte „weiße Fabriken" baute, die im klassizistischen Stil errichtet waren. Die Heinzel- Werke waren strenge, rotfarbige Bauten, deren Stil dem von Befestigungsanlagen glich. Die schwerfälligen, monumentalen Gebäude schmückten riesige Fassaden und mächtige Tore. Das Ganze stellt einen Fabrik- und Wohnkomplex dar, der für die Zeit des Großkapitalismus der Jahre 1870-1890 charakteristisch ist.

Die Kindermann-Villen – ul. Piotrkowska 137 und 151   5/6

*D*ie Villa an der Piotrkowska 137 entstand 1907. Der Architektenentwurf stammt von Gustav Landau-Gutenteger. Das Gebäude, dessen Stil an die italienische Renessaince anknüpft, wird bis heute von einem ungewöhnlich schönen Mosaik geschmückt, das eine Allegorie des Seehandels darstellt. Das Palais besaß besonders interessante Innenräume und Fenster, von denen nur eines erhalten geblieben ist. Es stellt auf einem Teich schwimmende Schwäne dar.

1910 haben die Kindermanns an der Piotrkowska 151 noch eine weitere Villa in ähnlichem Baustil errichten lassen. Dagegen waren die Säle im neobarocken Stil ausgeschmückt.

Wenn man von der Familie Kindermann spricht, soll man die schöne Villa an der ul. Wolczanska nicht vergessen, die der vorletzte Punkt auf unserer Trasse ist (siehe S. 51)

7 Das Schweikert-Palais – ul. Piotrkowska 262

*D*as 1913 nach dem Entwurf von Robert Miller für Emma und Wilhelm Schweikert gebaute Palais unterscheidet sich von den anderen Sitzen der Lodzer Bourgeoisie. Es ist ein Beispiel für eine Fabrikantenresidenz, die Merkmale eines freistehenden Landhauses aufweist. Das einstöckige Gebäude mit Hochparterre ist mit einem Mansardendach gedeckt. Die Hausfront ziert ein Säulengang mit einer halbkreisförmigen Anfahrt. Die Innenräume verbanden Funktionalismus mit Repräsentanz. Das Erdgeschoß mit einem prächtigen Treppenhaus hatte einen repräsentativen Charakter. Im ersten Stock befanden sich Privat- und Schlafzimmer der Eigentümer und ein Badezimmer auf dem Plan der Ellipse. Vor dem Palais gibt es einen repräsentativen Vorderhof, zu dessen Seiten sich Wirtschaftsgebäude befinden (Wächterhäuschen mit Hinterhäusern, Pferdestall und Wagenschuppen). Das Palais wird mit einer Eisengußumzäunung mit zwei Toren von der Straße getrennt. Hinter dem Haus erstreckt sich ein Garten mit vielen egzotischen Bäumen, der die Merkmale eines italienischen und klassizistischen französischen Gartens verbindet. Heute hat hier das Europäische Institut seinen Sitz.

Fabriken und Paläste

Das Scheibler-Palais – ul. Piotrkowska 266-268 | 8

*D*ieses Gebäude gehörte ursprünglich dem Färber Karl Gebhardt, später Leonhard Fessler. Karl Scheibler I. kaufte es für seine Tochter. Das Haus wurde zweimal umgebaut: im Jahre 1891 nach einem Entwurf von H. Majewski und 1984 nach einem Entwurf von F. Chelminski, im Stil eines Palais. Seit dieser Zeit hat es eklektizistische Stilzüge. In den Innenräumen sind Kamine und Stukarbeiten erhalten, die mythologische Szenen darstellen. Heute ist es der Sitz der Lodzer Polytechnik.

Das Haus Karl Steinerts – ul. Piotrkowska 272a-272b | 9

*E*inen Teil der Räumlichkeiten im Hausbesitz an der Piotrkowska 272b hat Steinert mit seiner Frau und seinem Sohn bewohnt, der Rest war für die Perkaldruckerei vorgesehen.

Viel imposanter war das Palais an der ul. Piotrkowska 272a, dessen Bau 1909 begonnen wurde. Der Architektenentwurf stammt von dem Berliner Alfred Bakke. Das symetrisch aufgeteilte Haus ist bis heute eines der interessantesten Baudenkmäler in Lodz. Beachtung verdienen die Tore, die in den jeweiligen Teil des Palais führen. Heute haben hier viele private und öffentliche Einrichtungen ihren Sitz, u. a. die Hauptredaktion der Zeitungsverlage, LOK und die Bezirksbibliothek.

„Die weiße Fabrik" Geyers – ul. Piotrkowska 282-284 | 10

*D*ie „weiße Fabrik" Ludwig Geyers (heute das Zentrale Textilmuseum), die sich in der ul. Piotrkowska befindet, ist bis heute das bekannteste Fabrikobjekt in Łodz. Die in den Jahren 1835-1837 errichtete Fabrik steht in der Nachbarschaft eines Teiches. Auf dem Dach der Fabrik war einst eine Glocke installiert, die die Menschen zur Arbeit rief. 1838 entstand hier ein

Kesselhaus mit dem ersten Fabrikschornstein in Lodz. Geyer war der erste Lodzer Fabrikant, der in seinem Betrieb eine Dampfmaschine instaliert hat. Sie wurde in Belgien bei der Firma der Gebrüder Cockerill eingekauft. Im Jahre 1840 beschäftigte die Fabrik 600 Menschen. Neben der Fabrik befindet sich unter der Nr. 280 ein einstöckiges Haus, in dem einst Tanzabende, Gesellschaftstreffen und Theatervorführungen stattfanden. Wegen seiner Zwecke, die es erfüllte, nannte man es „Vergnügungsgebäude".

Fabriken und Paläste

Das Ludwig-Geyer-Palais – ul. Piotrkowska 284-286 — 11

Das Gelände an der ul. Piotrkowska 284-286 hat Geyer nach seiner Ankunft in Lodz im Jahre 1828 von den Lokalbehörden in Pacht erhalten. Hier entstand eine kleinere Perkalfabrik und Geyers erster Wohnsitz, ein kleines Holzhaus mit drei Räumen. Nach kurzer Zeit jedoch entstand an dessen Stelle ein erheblich prachtvolleres Steinhäuschen mit drei Räumen und einem kleinen Zimmer im ersten Stock. Das Haus blieb bis heute erhalten.

Die Ernst-Leonhardt-Villa – ul. Pabianicka 2 — 12

Ernst Leonhardt hat für seine Villa einen Platz an der ul. Pabianicka 2 bestimmt, nicht weit vom Plac Niepodległości entfernt. Einst wurde dieser Platz Leonhardtplatz genannt, in Anlehnung an den Familiennamen des Fabrikanten. Die nach den Plänen von Ignacy Markiewicz im Jahre 1900 errichtete Residenz, wurde im Stil der Neorenaissance erbaut und hat einen rechteckigen Grundriß. Aufmerksamkeit erregt der Erker, in dem sich einst der Wintergarten befand. Im Haus wurde eine Weberwerkstatt eingerichtet, die an die Familientradition erinnern sollte. Um das Palais wurde auf sandigem Boden mit Hilfe erheblicher Geldmittel ein großer Park angelegt, der bis heute ein Schmuckstück des südlichen Teils der Stadt Lodz ist. Gegenwärtig befindet sich im Palais das Standesamt Lodz-Górna.

Die Kopisch-Bleicherei – ul. Tymienieckiego 5 — 13

Die klassizistische Bleicherei wurde in der Zeit 1826-1828 dank der Bemühungen der Regierung des Kongreßpolen gebaut. Seit 1828 gehörte sie zu Titus Kopisch, dem Hersteller der Flachsleinwand, der aus Schlesien nach Lodz gekommen ist. Das einstöckige Gebäude der Bleicherei erinnert mit seiner äußeren Architektur eher an einen geräumigen Meierhof als einen Industriebetrieb. Heute ist das Palais Sitz der Industriebank.

14 Lamus – ul. Targowa, ul. Tylna, ul. Fabryczna

Lamus, das ist ein Gebiet zwischen den ul. Tylna, Targowa und Fabryczna, das Traugott Grohman (1785-1874) in Erbpacht übernommen hat. An der ul. Targowa 64 nahm er eine mit Wasserkraft angetriebene mechanische Spinnerei und Baumwollweberei in Betrieb. Traugott Grohman verbrachte sein ganzes Leben in einem bescheidenen Haus, das an der ul. Tylna 14 steht. Nach seinem Tod übernahm sein Sohn Ludwig Grohman (1826-1889) die Fabrik. Er erbaute 1881 eine Villa, die der wachsenden wirtschaftlichen Bedeutung der Familie entsprach. Die einstöckige Villa, deren Entwurf vom Hilary Majewski stammt, befand sich in der Nachbarschaft des alten väterlichen Hauses und der Spinnerei (heute ul. Tylna 9/11). Die Architektur des Gebäudes erinnert an die italienische Renaissance. Davon zeugen: die hohe Unterkellerung, ein Portikus mit vier Säulen und die Terassen, die den Gebäudeblock abwechslungsreich gestalten. Das Einfahrtstor wurde mit den Initialen Ludwig Grohmans geschmückt.

Als nächster leitete Ludwigs Sohn, Heinrich Grohman (1862-1939) die Fabrik, der wesentlich zu ihrem Ausabau beigetragen hat. 1889 eröffnete er an der ul. Tymienieckiego 24 eine moderne Feingarnspinnerei. Er errichtete auch eine prachtvolle Villa. Sie wurde von Hilary Majewski entworfen. Ihre äußere architektonische Form erinnerte nicht an eine Fabrikantenvilla, sondern an ein Bürougebäude; sie hatte aber prachtvolle, komfortable Innenräume. Besonders interessant ist das Kabinet mit einem Kamin, der Konzert- sowie der Balsaal, dessen Kronleuchter in ihrer ursprünglichen Form erhalten blieben. Heute befindet sich in der Villa das private Museum des Buchkunstdruckes.

15 Wodny Rynek – park Źródliska, plac Zwycięstwa

Das Gelände am Wodny Rynek (heute Plac Zwyciestwa) hat Karl Wilhelm Scheibler 1854 gepachtet. Hier hat er 1855 die Baumwollspinnerei in Betrieb genommen, die „Zentrale" genannt wurde. Die Fabrik wuchs

Fabriken und Paläste

schnell. Zu dem bis heute erhaltenen Gebäudekomplex gehörten das Spinnerei-, das Weberei- und das Appreturgebäude sowie das Kesselhaus und das Magazin.

Sie waren aneinandergereiht, aus unverputzten Ziegelmauern errichtet, und dadurch waren sie damals eine interessante Neuigkeit, denn bis in die sechziger Jahre des 19. Jh. galten im Kongreßpolen Vorschriften, nach denen nicht nur Wohnhäuser sondern auch Fabriken verputzt werden mußten.

1856 entstand ebenfalls am Wodny Rynek ein erdgeschossiges Haus mit mehreren Räumen. Es befand sich neben der Spinnerei. Nach seinem Umbau 1865 nach einem Entwurf von J. K. Mertsching wurde es zu einem Palais, das sogar schöner wurde als die Residenz Geyers. Ein weiterer Umbau wurde in den achtziger Jahren durchgeführt. Er wurde von dem Warschauer Architekten Edward Lilpop durchgeführt. Das umgebaute Palais schien von außen her schlicht und voller Ebenmaß, aber die Innenräume, die voller Luxus waren, ließen keinen Zweifel über den Geschmack der Besitzer aufkommen. Vor dem Palais befand sich ein Park mit einem Springbrunnen, mit Orangenbäumen und einem Teich. Neben den Wohnräumen verfügte das Palais über einige Repräsentationsräume: einen Spiegelsaal, heute Wajda-Saal genannt (hier drehte der polnische Regisseur Szenen des Films „Das Gelobte Land"), einen Konzertsaal, einen Rokkokosaal mit einem indigofarbenen Ofen und ein „türkisches Rauchzimmer". Besonders interessant sind die vielfältigen Kamine. Einen schmückt ein Salvati Mosaik: „Frau in Orientkleidung".

Księży Młyn – Tymienieckiego, Przędzalniana, Kilińskiego | 16

Am Fluß Jasień, auf einem Gelände, das Księży Młyn genannt wird, hat Karl Scheibler im Jahre 1873 ein neues Spinnereigebäude errichtet (heute ul. Tymienieckiego 25). Das Gebäude gehörte früher K. Wendisch. Nach ihm hat es die Regierung übernommen, dann ab 1845 F. K. Moes, nach ihm T. Krusche und seit 1870 K. Scheibler. Die architektonische Gestaltung des Gebäudes brach mit der Stillosigkeit der fünfziger Jahre und schlug damit ein neues Kapitel in der Entwicklung der Industriearchitektur auf. Die Spinnerei brannte ab, aber schon 1877 wurde sie wiederaufgebaut, und in diesem Zustand ist sie mit nur kleinen Veränderungen bis heute erhalten.

In den Jahren 1875-1878 hat Scheibler auf dem Księży Młyn eine Arbeitersiedlung erbauen lassen (jetzt ul. Przędzalniana 46/47). Auf ihrem Gebiet befand sich eine kostenlose Schule für die Arbeiterkinder, ein kostenloses Krankenhaus, ein Laden und ein Klubgebäude für die Arbeiter. Die Gebäude wurden aus roten Ziegeln errichtet. Es lohnt noch zu erwähnen, daß die Straßen dieser Siedlung noch heute mit dem originalen Straßenbelag aus dem 19. Jh. bedeckt sind.

17 Die Widzewer Manufaktur – al. Piłsudskiego

Die Betriebe der Widzewer Baumwollmanufaktur gehörten einst Kunitzer und Heinzel. Kunitzer hat 1879 Grundstücke im westlichen Teil des Dorfes Widzew erworben, auf denen er eine Baumwollspinnerei und -weberei errichtete, die mit modernen Maschinen ausgestattet waren. Kurz danach enstand dort auch eine Arbeitersiedlung, und zwar auf beiden Seiten der Rokicinska Chaussee, die auch Kunitzer-Häuser genannt wurde. Die neuen Betriebe brannten nach kurzer Zeit aus, und da sie nicht versichert waren, haben sie die finanziellen Mittel des Unternehmers stark in Mitleidenschaft gezogen. Hilfe bekam er von einem anderen Fabrikanten, von Julius Theodor Heinzel. Mit ihm zusammen hat Kunitzer in den Jahren 1879-1900 an der Stelle der abgebrannten Fabrik einen neuen Betrieb errichten lassen. Er wurde 1889 in die Aktiengesellschaft für Baumwollerzeugnisse Heinzel & Kunitzer umgewandelt.

18 Das Biedermann-Palais – ul. Kilińskiego 4

Die Residenz der Biedemanns, im Stil der Neorenaissance, entstand 1878 an der ul. Kilinskiego 4. Der Architekt sah sich mit einer schwierigen Aufgabe konfrontiert. Da er ein Grundstück ohne Vegetation zur Verfügung

Fabriken und Paläste

hatte, das in eine schmale, eng bebaute Straße eingezwängt war, mußte er ein außergewöhnliches Werk schaffen. Die ihm gestellte Aufgabe löste er hervorragend, indem er dem Palais eine Form gab, die sich an die Architektur der florentinischen Renessaincepaläste anlehnte, die ebenfalls auf dicht bebautem Gebiet errichtet waren. Das zweigeschossige Palais wurde im Rahmen einer Erweiterung um ein Stockwerk erhöht.

Später entstand an der ul. Północna eine weitere Residenz der Familie Biedermann. Ihr Eigentümer war Alfred Biedermann.

Die Leopold-Kindermann-Villa – ul. Wólczańska 31/33   19

Die im Jugendstil erbaute Villa Leopold Rudolf Kidermanns an der ul. Wólczańska 31/33 wird zu den schönsten Villen Polens gezählt. Sie entstand

1902 auf einem Grundstück, das seine Frau Laura, geb. Feder als Aussteuer in die Ehe brachte. Die Villa hat eine phantasievolle, unregelmäßige Form. Am Anfang eines schmalen und langen Grundstücks errichtet, berührt das Gebäude an einer Seite das Nachbarhaus. Jedes Fenster hat andere Masse und eine andere Form. Die Fenster an der Straßenseite wurden mit einem Gitter gesichert, das mit Pflanzenornamenten geschmückt ist. Besonders reichhaltig ist die Vergitterung eines der Parterrefenster, das die Form zweier Bäume mit reichhaltigen Kronen hat. An den dichten Wurzeln lauert ein Fuchs. Ein schöner Schmuck des Gebäudes sind auch die farbigen Mosaikfenster und die Innenräume, ausgeschmückt mit Blumenornamenten: Rosen, Äpfel, Iris und Mohn. Die Villa wurde vom Gustaw Landau-Gutenteger entworfen. Heute beherbergt das Gebäude die Staatliche Kunstgalerie.

20 Das Theodor-Buhle-Anwesen – ul. Hipoteczna 7/9

Am Zubardz, an der ul. Hipoteczna 7/9, hat Theodor Buhle mit seinem Schwager Schulz eine Färberei gegründet (jetzt Seidenbetriebe „Ortal"). In der Nähe der Fabrik befand sich die Residenz Buhles (heute der Sitz der Schlesichen Bank).

Nie tylko praca i pieniądze, ale również modlitwa i jałmużna

Nicht nur Arbeit und Geld, auch Gebet und Almosen

Nie tylko praca i pieniądze, ale również modlitwa i jałmużna

Czyli szlakiem niemieckich kościołów i wspólnot parafialnych

Radogoszcz • Limanowskiego • Rynek Bałucki plac Wolności • Piotrkowska • Rzgowska

Wielowyznaniowy charakter miasta sprawiał, że jednocześnie wznoszono mury kościołów katolickich, ewangelickich, mury synagog i cerkwi, narodowość nie zawsze świadczyła o wyznawanej religii: Polak – protestant i Niemiec – katolik nie budzili już zdziwienia. Tożsamość wyznaniową starali się zachować jedynie Żydzi, którym zależało na kultywowaniu swej odrębności, oraz Rosjanie, będący prawie w całości wyznania prawosławnego. Jednakże historii miasta nie są obce przypadki, kiedy to fundatorami kościołów katolickich, łódzkiej cerkwi czy też synagogi byli Niemcy wyznania ewangelickiego, a swój udział w budowie świątyń chrześcijańskich mieli również bogaci Żydzi.

Wśród gwałtownie wzrastającej liczby nowych mieszkańców przybywających do Łodzi głównie z Saksonii, Czech i Śląska duży procent stanowili ewangelicy. Pierwszym luteraninem odnotowanym w roku 1815, który osiedlił się w mieście, był rzeźnik Reyter.

Jednym z aktów prawnych gwarantujących kolonistom pomoc państwa w urządzaniu opieki duszpasterskiej oraz w wybudowaniu kościoła i plebanii był artykuł 7 Postanowienia Rady Administracyjnej z dnia 18 września 1820 roku. Sprzyjające osadnictwu warunki sprawiły, że wraz ze wzrostem liczby mieszkańców Łodzi wzrastała liczba ewangelików. Napływ tak licznych wyznawców zrodził zatem potrzebę zorganizowania życia religijnego.

Proponujemy Państwu odwiedzenie następujących miejsc kultu religijnego:

21.	Kościół Świętej Trójcy (ul. Piotrkowska 2/4)	56
22.	Kaplica – kantorat Żubardź (ul. Sierakowskiego 3)	58
23.	Kaplica – kantorat Bałuty (ul. Organizacji WiN 2a)	58
24.	Kościół Świętego Jana (ul. Sienkiewicza 60)	59
25.	Kościół Świętego Mateusza (ul. Piotrkowska 283)	61
26.	Kościół Świętego Michała (ul. Liściasta 9)	64
27.	Sala zborowa – kantorat Radogoszcz (ul. Zgierska 141)	64
28.	Kaplica braci morawskich – hernhutów (ul. Żeromskiego 56)	65
29.	Kościół ewangelicko-reformowany (ul. Radwańska 37)	66
30.	Kościół rzymskokatolicki Podwyższenia Świętego Krzyża (ul. Sienkiewicza 38)	67
31.	Baptyści – dom modlitwy (ul. Nawrot 36)	70
32.	Kościół baptystów – Śródmieście (ul. Nawrot 27)	71
33.	Kościół baptystów – Chojny (ul. Rzgowska 41)	72
34.	Kościół baptystów – Bałuty (ul. Limanowskiego 60)	73

21 Kościół Świętej Trójcy – ul. Piotrkowska 2/4

Wędrówkę śladem niemieckich kościołów i wspólnot parafialnych proponujemy rozpocząć od odwiedzenia kościoła Świętej Trójcy (obecnie kościół rzymskokatolicki pod wezwaniem Świętego Ducha przy ulicy Piotrkowskiej 2/4).

W roku 1822 społeczność ewangelicka Łodzi wystąpiła z prośbą do ówczesnego burmistrza Czarkowskiego o wybudowanie kościoła. W czerwcu 1824 r. przeprowadzono urzędowy spis ewangelików i jeszcze w tym samym roku podjęto decyzję o budowie kościoła Świętej Trójcy, którą rozpoczęto dwa lata później na rogu ulicy Piotrkowskiej i Nowego Rynku (dzisiejszego placu Wolności). Uroczystość wmurowania kamienia węgielnego odbyła się 27 kwietnia 1826 roku. W Łodzi i jej okolicach mieszkało wtedy około 600 rodzin wyznania ewangelickiego. Wszystkie one należały dotychczas do parafii ewangelickiej w Zgierzu, której pastorem był stojący na czele komitetu budowy nowego kościoła ksiądz Henryk Bando. W skład komitetu weszli w roku 1825: fabrykant Krystian Fryderyk Wendisch, kupiec Jan Adamowski oraz sołtys Nowosolnej Klebsattel. Budowa kościoła, którą nadzorował Jakub Peters, zakończyła się poświęceniem 26 lipca 1829 roku. Fundatorami świątyni byli: K. F. Wendisch, A. Rundzieher, J. Adamowski oraz A. Ch. Frost i inni.

Po wybudowaniu kościoła w poczet członków łódzkiej parafii weszli również mieszkańcy wsi leżących w odległości do 1,25 mili od miasta, wśród których znalazło się także 40 rodzin wyznania ewangelicko-reformowanego.

Nie tylko praca i pieniądze, ale również modlitwa i jałmużna

Pierwszym pastorem, wybranym 8 lipca 1827 roku bez porozumienia z konsystorzem, był przybyły z Chemnitz ksiądz Fryderyk Bogumił Metzner, natomiast pierwsze wybory do Kolegium Kościelnego odbyły się dopiero 14 grudnia 1849 roku. Charakterystyczny był fakt, iż należeli do niego przede wszystkim zamożniejsi członkowie parafii: właściciele przędzalni, piekarze, cieśle i właściciele młynów. W późniejszym okresie funkcje te sprawowali nawet tacy potentaci przemysłu łódzkiego, jak Karol Scheibler i Ludwik Grohman.

W roku 1852 zmarł ksiądz F. B. Metzner. Posada pastora w dynamicznie rozwijającej się parafii wywołała duże zainteresowanie wśród duchowieństwa ewangelickiego. Z grona zgłoszonych kandydatów Zgromadzenie Parafialne wybrało księdza Karola Gustawa Manitiusa, którego działalność duszpasterska przypadła na okres największego rozkwitu Łodzi i tutejszej parafii ewangelickiej. W roku 1865 władze carskie przeniosły księdza Manitiusa do Łomży, karząc go w ten sposób za sympatyzowanie z powstaniem styczniowym. Od tego czasu parafią administrowali: ksiądz A. Modl z Dąbia (1865-67) oraz E. Bursche ze Zgierza (1867-68). Dopiero 3 marca 1868 Zgromadzenie Parafialne wybiera nowego pastora w osobie księdza Klemensa Bertolda Rondthalera, dotychczasowego wikariusza parafii. Podczas jego kadencji praca w zborze nabrała szczególnego rozmachu.

Z inicjatywy ewangelików w roku 1831 przybył do Łodzi pierwszy nauczyciel – Gotfryd Kirsch, który przejął prowadzenie szkoły elementarnej, liczącej wówczas ponad 120 dzieci. Nowy nauczyciel pełnił jednocześnie funkcję organisty w kościele Świętej Trójcy.

W listopadzie 1885 roku odbyło się w parafii Świętej Trójcy zebranie, na którym podjęto decyzję o rozebraniu starego klasycystycznego kościoła, by na jego miejscu powstać mogła nowa neorenesansowa świątynia, zbudowana na planie krzyża greckiego. Projekt zamówiono u budowniczego Otto Gehliga. W rzeczywistości plan Gehliga, podobnie jak w przypadku kościoła Świętego Jana, podpisany został przez architekta gubernialnego dla ułatwienia formalności związanych ze wzniesieniem świątyni, ponownie poświęconej 3 lutego 1892 roku.

W pierwszych latach powojennych pastorami parafii Świętej Trójcy byli: Rudolf Gundlach i Paweł Hadrian, którzy pełnili swój urząd od roku 1898, dzieląc te same uprawnienia i obowiązki. W pracy parafialnej w latach 1910-22 pomagał im pastor diakon August Gerhardt.

Po prawie równoczesnej śmierci obydwu pastorów w styczniu 1924 roku administratorem parafii został ksiądz Teodor Patzer, rektor Domu Miłosierdzia. Po ogłoszonym wakacie miejsce zmarłych zajęli wybrani przez Zgromadzenie Parafialne 3 sierpnia 1924 roku księża: Albert Wannagat (do roku 1940) i Gustaw Schedler (do roku 1945).

W początkowym okresie istnienia kościoła Świętej Trójcy nabożeństwa odbywały się nieregularnie, a Słowo Boże głoszono jedynie w języku niemieckim. Później, w okresie międzywojennym, odprawiano już cztery do sześciu nabożeństw w każdą niedzielę w kościele i w trzech kantoratach na Żubardziu (dziś ul. Sierakowskiego 3), Bałutach (dziś ul. Organizacji WiN 2a, obecnie budynek kościelny należący do parafii ewangelicko-metodystycznej pw. Opatrzności Bożej) i Antoniewie-Stokach oraz w kaplicy Domu Ubogich przy ulicy Dzielnej 52 (dziś ul. Narutowicza) – (patrz rozdział „Z myślą o innych"). O godzinie 12.00 odbywało się nabożeństwo polskie, do roku 1928 co dwa tygodnie, później już co niedzielę. Informacje o wszelkiego rodzaju imprezach parafialnych ukazywały się w prasie. Odprawiano również nabożeństwa okazjonalne oraz domowe na życzenie poszczególnych parafian.

Nie tylko praca i pieniądze, ale również modlitwa i jałmużna

Kościół Świętego Jana – ul. Sienkiewicza 60 — 24

Kolejnym obiektem na naszym szlaku jest drugi kościół ewangelicko--augsburski Świętego Jana (obecnie kościół rzymskokatolicki pod wezwaniem Najświętszego Imienia Jezus przy ulicy Sienkiewicza 60).

W 1862 roku podjęto decyzję o budowie drugiego, znacznie okazalszego kościoła Świętego Jana, którą rozpoczęto dopiero po otrzymaniu odpowiedniego zezwolenia od władz carskich w 1881 roku. Po trwających cztery lata pracach budowlanych powstała przy ulicy Mikołajewskiej (obecnie Sienkiewicza 60) świątynia, którą możemy podziwiać do dnia dzisiejszego. Prezesem powołanego w roku 1876 komitetu budowy był Karol Scheibler. Projekt kościoła został wykonany przez Ludwika Schreibera w 1879 roku. Jednakże w dostępnych dziś dokumentach czytamy, iż auto-

59

rem projektu był ówczesny architekt miejski Hilary Majewski. Zmiana ta miała prawdopodobnie przyspieszyć i ułatwić zatwierdzenie dokumentacji budowy przez władze rosyjskie. Prace budowlane prowadziło przedsiębiorstwo Roberta Nestlera. Początkowo nadzorował je sam Ludwik Schreiber, o szczegółach wykończenia budowli decydował jednak Hilary Majewski, który odpowiadał za jej wykonanie w późniejszym okresie. Budynek powstał na planie krzyża. Witraże w prezbiterium przedstawiają Chrystusa i czterech ewangelistów. Ołtarz i ambona wykonane z drzewa dębowego powstały w pracowni łódzkich rzeźbiarzy – Rigona i Knorra, natomiast malowidła zdobiące ołtarz są dziełem krakowskiego malarza Jana Styki.

Poświęcenie świątyni miało miejsce 4 października 1884 roku. Kościół zawdzięczał wiele licznym dobroczyńcom, przede wszystkim rodzinie Scheiblerów i Herbstów, od których pochodziły wysokie ofiary pieniężne. Rodzina Herbstów wybudowała m.in. pastorat dla prowadzącego pastora.

Po powstaniu nowego kościoła obszar działalności jedynej dotąd parafii musiał zostać podzielony. Granicę stanowiły ulice św. Andrzeja i Przejazd (dzisiejsze Andrzeja Struga i Juliana Tuwima). Północna część miasta należała odtąd do kościoła Świętej Trójcy, południową zaś przydzielono wspólnocie Świętego Jana.

12 listopada 1885 roku odbyły się pierwsze wybory do Kolegium Kościelnego, w skład którego weszli: Ludwik Grohman, Edward von Herbst, Jakub Steigert sen., Fryderyk Wilhelm Schweikert, Juliusz Albrecht i Juliusz Kunitzer. Na pastora wybrano 25 marca 1885 roku księdza Wilhelma Piotra Angersteina, który służył parafii do swojej śmierci w roku 1928.

Już w początkach istnienia nowej parafii świątynia była przepełniona nawet w dni powszednie, nie wspominając już o nabożeństwach niedzielnych. Dodatkowo, z myślą o wiernych, wprowadzono „spotkania biblijne". Z inicjatywy księdza Angersteina powstał szereg stowarzyszeń działających przy parafii.

Drugim, obok księdza W. P. Angersteina, wybitnym pastorem parafii był działający w latach 1898-1939 Juliusz Dietrich.

Stosunki między duchownymi a Kolegium Kościelnym były dobre. W skład Kolegium wchodziło 12 członków świeckich i wszyscy duchowni etatowi. Starszymi Zboru byli ludzie z najbogatszych warstw społecznych, a więc przede wszystkim przemysłowcy: Juliusz Kindermann, Teodor Steigert, Otto Eisenbraunn, Juliusz Triebe i dr Kurt Schweikert; kupcy: A. Lipski, Rudolf Römer; a także: właściciel drukarni Zygmunt Manitius, budowniczy Jan Wende, urzędnik E. Hempel i mistrz ślusarstwa R. Buhle. Robotnicy, stanowiący większość parafian, nie mieli w Kolegium ani jednego przedstawiciela.

Zazwyczaj w niedzielę Słowo Boże głoszono trzykrotnie: o godzinie 8.00 (zimą o godzinie 18.00), o godzinie 10.00 oraz o godzinie 12.00 po polsku. Organizowano także wieczorne nabożeństwa w ciągu tygodnia, często połączone z koncertami muzyki i pieśni kościelnej.

Oprócz nabożeństw i spotkań modlitewnych odbywały się w parafii również imprezy świeckie, jak coroczne święta ogrodowe kościoła Świętego Mateusza, gdzie obok rozmyślań religijnych miały miejsce koncerty orkiestr symfonicznych i dętych, zabawy dla dzieci, loteria fantowa czy zawody sportowe.

Kościół Świętego Mateusza – ul. Piotrkowska 283   25

Kolejną świątynią na naszym szlaku jest znajdujący się przy ulicy Piotrkowskiej 283, jeden z największych budynków sakralnych w Łodzi, kościół Świętego Mateusza, jedyny dziś w mieście kościół ewangelicko--augsburski.

Na przełomie XIX i XX wieku poważnym problemem dla społeczności ewangelickiej w Łodzi okazała się niewystarczająca liczba kościołów, związana z gwałtownie rosnącą liczbą wiernych, która w roku 1909 wynosiła 101.500, będąc zarazem najwyższą w historii miasta. Obejmująca swą działalnością jedynie 1/3 łódzkich ewangelików parafia Świętej Trójcy uporała się z narastającymi trudnościami już wcześniej, poprzez przebudowę kościoła. Trudniejszy do rozwiązania okazał się jednak problem ten w południowej części miasta, zamieszkanej przez wiernych należących do parafii Świętego Jana. Z myślą o nich już w roku 1898 z inicjatywą budowy nowego kościoła Świętego Mateusza wystąpił pastor parafii Świętego Jana – ksiądz Wilhelm Piotr Angerstein. W 1901 r. wybrano 40-osobowy komitet budowy, w którego skład weszli m.in.: Gustaw Geyer, Adolf Meyerhoff i Robert Nestler. 30 października tego samego roku Konsystorz Kościoła Ewangelicko-Augsburskiego w Warszawie zatwierdził budowę świątyni. Starania komitetu o zezwolenie na budowę oraz o zdobycie niezbędnych funduszy i zatwierdzenie projektów trwały do roku 1909. Po załatwieniu wszystkich formalności ksiądz W. P. Angerstein wyjechał do Niemiec, by zapoznać się tam z tendencjami w budowie kościołów ewangelickich. Wzorzec dla łódzkiej budowli stanowiły prawdopodobnie dwie świątynie – kościół Świętego Jakuba w Dreźnie (zaprojektowany przez Jürgena Krögera) oraz kościół Świętego Jana we Wrocławiu (zaprojektowany przez architektów Gaze i Böttchera). Następnie poproszono architektów związanych ze społecznością niemiecką: Roberta Nestlera, Jana Wende oraz Pawła Rübensahma, by na podstawie powyższych wzorców sporządzili wstępne projekty kościoła. Najlepsza okazała się propozycja Jana Wendego, architekta będącego wówczas współwłaścicielem firmy budowlanej „Wende i Klause".

8 października 1909 roku na placu przy ulicy Piotrkowskiej 279/283 wmurowano kamień węgielny i złożono w fundamentach kościoła akt erekcyjny. Ze względu na istniejące potrzeby oraz dzięki dużej ofiarności łódz-

kich luteran rychło zrezygnowano z projektu budowy niewielkiego kościoła na rzecz wzniesienia świątyni, która byłaby w stanie pomieścić znacznie większą liczbę wiernych. O skorygowanie projektu poproszono berlińskiego architekta prof. Franciszka Schwechtena, którego wskazówki pomogły Janowi Wende przy opracowywaniu nowego planu.

Początkowo na przeznaczonym pod kościół placu stanęła kaplica Świętego Mateusza, ufundowana przez małżeństwo von Herbst. Do 1914 roku trwały prace przy budowie przyszłej świątyni, które przerwał wybuch pierwszej wojny światowej. W czasie jej trwania nie dokończony budynek kościoła zabezpieczony został jedynie prowizorycznym dachem, który w sobotę Zielonych Świątek 1916 roku zerwany został przez rozszalałą wichurę. Pozostałe zabudowania gospodarcze służyły jako główny ośrodek pracy charytatywnej, miejsce wydawania posiłków i schronienie dla ofiar kataklizmu dziejowego. Po wygaśnięciu działań wojennych, dzięki osobistemu zaangażowaniu księdza Juliusza Dietricha i ofiarności parafian, dokończono budowę kościoła Świętego Mateusza, który poświęcono 1 listopada 1928 roku.

Szczególną uwagę podczas zwiedzania świątyni zwrócić warto na ołtarz, kazalnicę oraz organy. Ołtarz, przedstawiający modlącego się Jezusa w ogrodzie Getsemane, wykonany został z białego marmuru według projektu architekta P. Senffa z łódzkiej firmy budowlanej „Jäger i Milnikel", która zajmowała się również budową kazalnicy. Ambona, również wykonana z białego marmuru, ozdobiona jest płaskorzeźbami czterech ewangelistów. Organy zbudowane zostały przez słynną wówczas na całym świecie firmę braci Otto i Gustawa Riegerów z Jägerndorfu i należą obecnie do jednych z największych w Polsce.

Podziału parafii Świętego Jana postanowiono dokonać dopiero po poświęceniu kościoła Świętego Mateusza. W tym celu powstała 20-osobowa komisja, w skład której wchodziło 10 osób z parafii Świętego Jana i 10 osób z parafii Świętego Mateusza. Warunki podziału uchwaliło zgromadzenie parafialne parafii Świętego Jana w dniu 10 stycznia 1929 roku. Granica przebiegać miała przez środek następujących ulic: Radwańskiej, Brzeźnej, Sienkiewicza, Tylnej, Kilińskiego, Emilii, Przędzalnianej i Milionowej.

Nowo wzniesiona świątynia, podobnie jak ta pod wezwaniem Świętego Jana, otrzymała znaczną pomoc finansową od rodzin wielkich fabrykantów łódzkich: Scheiblerów oraz Matyldy i Edwarda Herbstów. Ufundowane przez nich: zegar wieżowy, duże okna oraz dzwony podziwiać możemy po dziś dzień. Kościół był również częściowo wspierany przez łódzkie fabryki, prywatne firmy i pojedyncze osoby.

W roku 1929 pastorem w parafii został ksiądz A. Löffler, pełniący swój urząd do 1945 roku. W pracy kościelnej pomagał mu ksiądz Gustaw Berndt. Od roku 1937 pracowali w parafii jeszcze dwaj wikariusze: księża Hary i Gerhardt Richterowie.

W każdą niedzielę odbywały się w kościele dwa nabożeństwa. Godziny biblijne odbywały się w znajdującej się przy świątyni kaplicy Świętego Mateusza. Regularnie organizowano również nabożeństwa dla dzieci prowadzone przez koło pomocników nabożeństw dla dzieci.

26 Kościół Świętego Michała – ul. Liściasta 9

Ostatnim już kościołem ewangelicko-augsburskim na naszym szlaku jest kościół Świętego Michała (obecnie kościół parafialny pod wezwaniem Opieki Świętego Józefa oo. Karmelitów Bosych przy ulicy Liściastej 9).

W roku 1910 na terenie kantoratu Radogoszcz, przy ulicy Zgierskiej 141 wybudowano budynek, w którym mieściły się dwie sale lekcyjne, mieszkanie dla kantora oraz sala zborowa ze 150 miejscami siedzącymi. Jeszcze zanim podjęto uchwałę w sprawie utworzenia na Radogoszczu samodzielnej parafii Świętego Michała, wiadomo było, iż budynek nie jest w stanie pomieścić wszystkich wiernych. W skład nowo powstałej parafii Świętego Michała (31 stycznia 1932 roku) weszli ewangelicy z parafii w Zgierzu, skupiającej dwa kantoraty – Radogoszcz oraz Żabieniec, jak również luteranie z Langówka, Lorencówki, Rogów i Marysina.

Zadaniem kolegium kościelnego nowo powstałej parafii było zorganizowanie wyborów na stanowisko pastora. Odbyły się one w niedzielę, 31 lipca 1932 roku. Spośród dwóch kandydatów, którzy ubiegali się o posadę duszpasterza w parafii, większością głosów wybrany został dotychczasowy wikariusz w kościele Świętej Trójcy, ksiądz Artur Schmidt. Wprowadzenie na urząd nowego pastora odbyło się w niedzielę dożynkową, 2 października 1932 roku.

Już w listopadzie 1932 roku na placu, gdzie wkrótce powstać miał kościół, odbyło się uroczyste wmurowanie kamienia węgielnego pod przyszły dom

Nie tylko praca i pieniądze, ale również modlitwa i jałmużna

parafialny. Projekt budynku sporządził dyplomowany inżynier, Alfons Prawitz. Prace budowlane powierzono mistrzowi murarskiemu o nazwisku Freigang. Do zimy budynek w stanie surowym oddany został do użytku.

Ważnym wydarzeniem w historii parafii była budowa kościoła. Autorami projektu świątyni byli dyplomowani inżynierowie: A. Beurton ze Zgierza oraz A. Prawitz z Łodzi. Dzięki staraniom pastora Schmidta sporządzony przez nich plan udało się zatwierdzić na krótko przed zaplanowanym na 15 października 1933 roku terminem uroczystości wmurowania kamienia węgielnego. Prace budowlane prowadzone były przez firmę Juliusza Seiferta z Łodzi. Na potrzeby budynku zużyto 450.000 cegieł, z czego znaczna część pochodziła z darowizn, m.in. od braci Haüsler oraz od Otto Zielkego. W wyniku zbiórek prowadzonych podczas nabożeństw, festynów parafialnych i wizyt domowych do wybuchu wojny udało się zebrać przedmioty oraz pieniądze o łącznej wartości 125.000 zł. W ten właśnie sposób w roku 1938 budynek w stanie surowym mógł zostać oddany do użytku. Do dziś nie dokończona pozostała jednak wieża kościelna.

Choć wnętrze świątyni prezentowało się jeszcze bardzo ubogo (prowizoryczna kazalnica, ławki z desek ułożonych na cegłach), w roku 1939 odbyła się tu pierwsza konfirmacja. Od roku 1941 już wszystkie nabożeństwa odprawiano w kościele. Jedynie zimą odbywały się one w ogrzewanym pomieszczeniu piwnicznym znajdującym się pod świątynią.

W czasie wojny, pomimo trudności finansowych oraz kłopotów ze zdobyciem materiałów budowlanych, kontynuowano rozbudowę kościoła. Po śmierci A. Beurtona pastor Schmidt wyjechał do Berlina, by tam skonsultować projekty dotyczące wnętrza świątyni z dyplomowanym inżynierem D. Bartningiem. Do roku 1942 plany były już gotowe, jednak budowy luteranie nigdy nie dokończyli. Po wojnie bowiem kościół przeszedł w posiadanie karmelitów bosych.

Kaplica braci morawskich – ul. Żeromskiego 56 **28**

Następnym celem naszej wędrówki jest kaplica braci morawskich (obecnie kościół polskokatolicki pod wezwaniem Matki Boskiej Nieustającej Pomocy przy ulicy Żeromskiego 56).

Jedną z ciekawszych grup religijnych w Łodzi istniejących w czasie przemysłowego rozwoju miasta byli bracia morawscy (hernhuci) – społeczność o charakterze pietystycznym, należąca do kościoła ewangelicko-augsburskiego w Polsce, ciesząca się jednak niezależnością i autonomią. Była to stara powstała w czasie reformacji grupa, stanowiąca odłam niemieckiego anabaptyzmu. Nazwa bracia morawscy pochodzi od Moraw – miejsca, gdzie hernhuci schronili się przed prześladowaniami religijnymi. W XIX wieku osiedlili się w Saksonii w posiadłości niemieckiego reformatora religijnego Mikołaja Ludwika von Zinzendorfa, gdzie założyli osadę Hernhut, od której wywodzi się ich druga nazwa.

Już w roku 1818 istniała społeczność braterska na terenie Nowosolnej. Początkowo zbierała się ona w mieszkaniach prywatnych, a od roku 1847 już we własnej sali, najpierw przy ulicy Piotrkowskiej 105, a następnie przy ulicy św. Andrzeja 12 (dokładnie na dzisiejszym skrzyżowaniu ul. Andrzeja Struga i al. T. Kościuszki). Poczynaniami zboru kierowali kaznodzieja i rada starszych. Od roku 1912 nabożeństwa zboru braterskiego odbywały się w kaplicy przy ulicy Pańskiej 56 (dzisiejsza Żeromskiego 56), której projektantem był najprawdopodobniej Teodor Grünewald z Wrocławia.

29 Kościół ewangelicko-reformowany – ul. Radwańska 37

Spacerując w kierunku południowym ulicą Żeromskiego dotrzeć można do kolejnego już na naszym szlaku obiektu sakralnego, kościoła ewangelicko-reformowanego.

Zbór ten nigdy nie był liczny. Parafia powstała dopiero w roku 1904. W należącej do niej posesji przy ulicy Radwańskiej 33 (dziś Radwańska 37) odbywały się zajęcia szkoły elementarnej oraz nabożeństwa. W budynku znajdowało się również mieszkanie dla kantora. Wkrótce jednak lokal okazał się zbyt mały na potrzeby parafii. Postanowiono wybudować kościół. Jednak pieniądze przeznaczone na jego budowę w dużej części wydano na cele charytatywne. W efekcie musiano odrzucić dwa projekty kościołów, gdyż na ich budowę nie starczyło już pieniędzy. W zamian wzniesiono skromną neoklasycystyczną świątynię, którą w roku 1932 poświęcono i oddano do użytku.

Kościół rzymskokatolicki Podwyższenia św. Krzyża – ul. Sienkiewicza 38 — 30

W celu zwiedzenia rzymskokatolickiego kościoła Podwyższenia Świętego Krzyża proponujemy udać się na ulicę Sienkiewicza 38.

Kamień węgielny pod budowę kościoła Podwyższenia Świętego Krzyża położono 23 sierpnia 1859 roku na rogu ulic Mikołajewskiej i Przejazd. Wciąż jednak budowa odwlekała się z różnych względów, tak iż dopiero 22 października 1875 roku, po uprzednim poświęceniu przez ówczesnego proboszcza parafii, dziekana Ludwika Dąbrowskiego, świątynia mogła zostać oddana do użytku. Uroczyste poświęcenie kościoła, którego dokonał arcybiskup Teofil Wincenty Popiel, miało miejsce 19 maja 1888 roku.

Do roku 1885 kościół Podwyższenia Świętego Krzyża był jedynie filią kościoła Wniebowzięcia Najświętszej Marii Panny. Dopiero po oddzieleniu się od staromiejskiej parafii, parafia przy kościele Podwyższenia Świętego Krzyża mogła zaistnieć jako osobna jednostka administracyjna.

Początkowe oznaki działalności katolików narodowości niemieckiej na terenie Łodzi były widoczne już w roku 1856, gdy przy kościele Podwyższenia Świętego Krzyża zaczęły powstawać pierwsze związki i organizacje o charakterze religijnym. Należały do nich: Stowarzyszenie Śpiewacze Świętej Cecylii (1856); „Hieronim" (1885) – od roku 1920 jako Stowarzyszenie Śpiewacze, ostatecznie działało przy katedrze Świętego Stanisława Kostki – „Gloria" (1888) – później funkcjonujące jako Stowarzyszenie Śpiewacze przy kościele Wniebowzięcia Najświętszej Marii Panny na Starym Mieście – „Anna" założone w roku 1902 przy kościele Świętej Anny w południowej części miasta oraz „Laudate" powstałe w roku 1925.

W roku 1916 Adolf Eichler wraz ze swoimi przyjaciółmi założył Towarzystwo Niemieckie z siedzibą w Łodzi. Na spotkania organizowane w ramach towarzystwa przychodziło wiele osób, w tym również osobistości ze świata ówczesnych władz okupacyjnych. Równie wysoką frekwencję, co charakterystyczne wśród Niemców obydwu wyznań, odnotowywano podczas ewangelickich nabożeństw polowych prowadzonych przez pastora Willigmanna, a później przez prof. Pawła Althausa oraz katolickich, odprawianych przez ojca Zygmunta Brettle. W późniejszym okresie w pracach związku czynny udział brał również troszczący się szczególnie o swoich współwyznawców prof. Althaus. Podobnie czynił ksiądz guberniany Z. Brettle, dobrze wykształcony zakonnik, autor wielu książek religijnych, mówca wielkiego formatu okazujący wiele zrozumienia dla niemieckich katolików z Łodzi i okolic. Organizował on spotkania dla wiernych oraz wydawał łódzki dodatek poznańskiej gazety katolickiej „Wegweiser". Dnia 20 maja 1917 roku miało miejsce pierwsze wielkie zgromadzenie niemieckich katolików, drugie zaś odbyło się na Księżym Młynie podczas Zielonych Świątek w roku 1918. Przybyło na nie około 5000 osób, a wkrótce po jego zakończeniu doszło do powstania działającego w Łodzi Stowarzyszenia Katolików Mówiących po Niemiecku, którego siedziba znajdowała się przy ulicy Głównej 18 (dziś al. J. Piłsudskiego). Po roku 1933 siedziba stowarzyszenia przeniesiona została na ulicę Piotrkowską 102. Związek ten rozwijał się dość dynamicznie, tak iż szybko utworzono przy nim biuro, bibliotekę, mieszany chór kościelny oraz filie założycielskie w innych miejscowościach. Comiesięczne zebrania w auli niemieckiego gimnazjum, podczas których miały miejsce odczyty oraz przedstawienia różnego rodzaju o charakterze nie tylko religijnym, organizowane były pod hasłem: „Wierność wierze i narodowi, wsparcie dla bliźniego w duchowej i materialnej potrzebie".

W ramach szeroko pojętej działalności licznych organizacji, funkcjonujących przy stowarzyszeniu, próbowano przeprowadzić reformę niemieckiego systemu oświaty w całej środkowej Polsce.

Po 11 listopada 1918 roku, na skutek tworzenia się całkowicie nowych struktur w państwie polskim, Stowarzyszenie Niemieckie oraz działające przy nim organizacje zostały oficjalnie rozwiązane i od kwietnia 1919 roku zaniechały swojej działalności. Zmiana sytuacji geopolitycznej nie wpłynęła również pozytywnie na nastroje wśród społeczności niemieckiej w Łodzi, a co za tym idzie na przywrócenie do życia samego stowarzyszenia. Dopiero praca nowego zarządu, na czele którego stali: Robert Klikar, Otto Toegel, Adolf Wihan oraz panie Hüffner i Kalinowska, pozwoliła na wznowienie działalności związku.

Przeważająca większość niemieckojęzycznych katolików należała do parafii Podwyższenia Świętego Krzyża oraz Świętej Anny. W latach 1914-1918 stanowili oni na terenie miasta grupę liczącą około 4000 osób. W okresie 1920-1928 na terenie samej parafii Podwyższenia Świętego Krzyża było około 600 wiernych mówiących po niemiecku. Z chwilą objęcia przez Stowarzyszenie Katolików Mówiących po Niemiecku lokalu w okolicach parafii Podwyższenia Świętego Krzyża wielu spośród łodzian pochodzenia niemieckiego mieszkających w innych rejonach miasta uczęszczało tutaj do kościoła i traktowało go jak swój własny. Dlatego też w roku 1936 odnotowano w parafii aż 2700 wiernych mówiących po niemiecku.

W październiku 1922 roku, Bertold Bergmann, pierwszy przewodniczący Stowarzyszenia Katolików Mówiących po Niemiecku udał się z wizytą do ówczesnego biskupa Wincentego Tymienieckiego z prośbą o pomoc w sprowadzeniu do Łodzi niemieckiego duszpasterza. Wkrótce potem do miasta przybył nowy duchowny, ksiądz Max Heymann. Zapowiedź jego pierwszej mszy ukazała się w miejscowej prasie niemieckiej. W świątyni zebrało się około 5000 wiernych. Od początku istnienia kościoła Podwyższenia Świętego Krzyża nie odnotowano tak wysokiej frekwencji na mszy zorganizowanej dla katolików narodowości niemieckiej. Ksiądz Heymann i jego kazania tchnęły nieco ducha w życie parafii, a stowarzyszenie dodatkowo doczekało się nowego przewodnika. Comiesięczne zgromadzenia zyskały na atrakcyjności, a niedzielne msze cieszyły się nieustającym powodzeniem. W tym czasie zajęto się też ponownie działalnością społeczno-charytatywną. Swój rozkwit przeżywało wiele organizacji: Bractwo Różańcowe (Rosenkranzbruderschaft), Organizacja Dziewcząt Katolickich (Katholische Mädchengruppe), Sodalicja Panien Niemieckich (Marianische Jungfrauen Kongregation) oraz Organizacja Kobiet Katolickich „Caritas" (Katholische Frauengruppe „Caritas"). Dwa ostatnie stowarzyszenia niosły pomoc najbiedniejszym, chorym i starym, prowadziły kuchnię i wydawanie posiłków dla bezrobotnych oraz ich rodzin, zbierały ofiary pieniężne i datki dla biednych oraz potrzebujących, wydawały odzież dzieciom z rodzin wielodzietnych i ubierały je do Pierwszej Komunii Świętej. W święta Bożego Narodzenia organizowano akcje gwiazdkowe z posiłkami dla około 200-300 potrzebujących.

Ksiądz Heymann cieszył się wśród swych niemieckojęzycznych współwyznawców dużą sympatią i popularnością, jednak po półrocznej działalności, ze względów osobistych, zmuszony był opuścić miasto. Po jego odejściu, do roku 1939 duchowni zmieniali się w parafii aż sześciokrotnie. Byli to księża: Antoni Julian Nowowiejski, Schönberger, Weiß, dr August Potempa, Jan Joachimowski oraz Roman Gradolewski. Pochodzili oni na ogół z dawnych obszarów niemieckich i posiadali niemieckie wykształcenie teologiczne. Ostatni z nich, ksiądz R. Gradolewski, przybył do Łodzi z Poznania. W pracy duszpasterskiej pomagali mu, zamieszkujący na terenie parafii, księża Robert Rompa i Jan Ostrowski.

Z woli władz okupacyjnych kościół Podwyższenia Świętego Krzyża stał się podczas wojny parafią dla ludności narodowości niemieckiej. Roman Gradolewski działał również w tym okresie. Po aresztowaniu proboszcza parafii Podwyższenia Świętego Krzyża, duszpasterza wiernych narodowości polskiej prałata Jana Bączka, ksiądz Gradolewski przejął jego funkcje związane z administrowaniem w parafii oraz obowiązki duszpasterskie w kościele.

Do akcentów niemieckich w kościele Podwyższenia Świętego Krzyża należą m.in. ufundowane przez wielkiego przemysłowca łódzkiego Karola Scheiblera ołtarz główny, ołtarz boczny (św. Anny), kazalnica, organy i dzwony. Budowę wieży oraz zegara sfinansował baron Juliusz Heinzel.

31 Baptyści – dom modlitwy – ul. Nawrot 36

Kolejnym budynkiem na naszym szlaku jest dom modlitwy założony przez zbór baptystów, który znajduje się przy ulicy Nawrot 36.

Fala emigracji baptystów z Anglii dotarła do Polski dopiero w roku 1858; w Łodzi pojawili się oni 10 lat później. Przyjmuje się, iż pierwszymi wyznawcami tego dotąd w mieście nie znanego wyznania byli: zatrudniony w fabryce Grohmana księgowy – Jan Rohner, oraz tkacz Henryk Pufahl. W roku 1867 panowie ci zawarli znajomość z przejeżdżającymi przez Łódź baptystami, od których Rohner dowiedział się, że w Kicinie, 30 mil od miasta, swą siedzibę ma zorganizowana grupa baptystów. Aby bliżej poznać głoszoną przez nich naukę, łódzki księgowy postanowił udać się tam osobiście. Pobyt w Kicinie odmienił jego życie duchowe tak bardzo, że po powrocie do Łodzi zaczął wygłaszać kazania w swym mieszkaniu przy ulicy Widzewskiej (obecnie ul. Kilińskiego). W roku 1868 z Kicina przybył do miasta pierwszy kaznodzieja – G. F. Alf, a 25 września tego samego roku 5 osób przyjęło chrzest. Wkrótce potem przy ulicy Nawrot 36 urządzono lokal, gdzie odbywały się spotkania, gdyż mieszkanie Rohnera okazało się za małe, by pomieścić tak wielu słuchaczy. Liczba współwyznawców wzrosła do 60 osób, lecz dopiero w roku 1870 zarejestrowano ich wspólnotę.

W początkowym okresie grupa borykała się z problemami wewnętrznymi. Doszło do podziału, gdyż część osób, niezadowolona z polityki prowadzonej przez grupę, zaczęła zbierać się w domu przy ulicy Głównej. Podział nie trwał długo, lecz spowodował, iż Rohner zrezygnował z funkcji pastora i powrócił na stanowisko księgowego.

Kościół baptystów – ul. Nawrot 27 — 32

Kierowani wewnętrzną potrzebą wierni przystępowali licznie do nowo powstałej wspólnoty. Stary lokal przy ulicy Nawrot 36 stawał się coraz bardziej ciasny, dlatego też w roku 1875 wspólnota zakupiła posesję przy ulicy Nawrot 27, gdzie urządzono salę spotkań. W tym samym roku pastorem został Juliusz Bogel ze Zduńskiej Woli. Dwa lata później na jego miejsce przybył pastor Karol Ondra. To właśnie jego działalność sprawiła, iż wkrótce liczba wiernych wzrosła do 400 osób. W roku 1878 łódzcy baptyści odłączyli się od zboru w Kicinie i stali się samodzielną parafią. Ponieważ nowy lokal okazał się wkrótce za mały, w roku 1881 postanowiono wybudować świątynię. Pieniądze na jej budowę zbierano nie tylko wśród wiernych łódzkich, ale także w parafiach na terenie całej Polski oraz Rosji i Niemiec. Budowa kościoła prowadzona była przez mistrza budowlanego Roberta Nestlera. Od 25 czerwca 1882 roku baptyści mogli już korzystać z nowej świątyni przy ulicy Nawrot 27. Ze względu jednak na szybki rozwój parafii, w roku 1897 kościół musiano przebudować. Po zakończeniu prac budowlanych kierowanych przez mistrzów J. Wolfa i A. Brünera, świątynia pomieścić mogła już nie 700, lecz aż 1500 wiernych.

Po nagłej śmierci lubianego przez wiernych pastora Ondra, do pracy w parafii powołany został w 1887 pastor August Liebig z Odessy, a rok później do miasta przybył z Hamburga drugi „świeżo upieczony" kaznodzieja – A. Gutschke.

Na początku lat 90. XIX stulecia liczba baptystów w Łodzi wynosiła już około 500 osób. Niestety w tym właśnie okresie A. Liebig zmuszony był opuścić miasto.

W roku 1892 na placu za kościołem baptyści wybudowali dom z dwoma mieszkaniami dla pastorów i z dwoma salami zborowymi, gdzie odbywały się spotkania Związku Panien i Związku Młodzieńców utworzonych w roku 1872.

Praca kaznodziei w Łodzi była zbyt ciężka dla jednego duchownego. Pomocnikiem pastora został, działający na terenie miasta tylko przez cztery lata, J. Eichhorst. Kolejnymi duchownymi parafii byli F. Brauer oraz kaznodzieja A. Gutschke, którzy sprawowali swój urząd przez dziewięć lat.

W roku 1892 Pische zapisał baptystom w testamencie budynek wart 7000 rubli, który przeznaczono na dom starców.

W roku 1872 zorganizowane zostały zajęcia w szkole niedzielnej. Jej założycielem był G. Sperling, który przez rok pracował w niej również jako nauczyciel. Dla absolwentów szkoły utworzono prowadzoną przez F. Lohrer klasę biblijną. Młodzież brała czynny udział w życiu parafii – na początku naszego stulecia Związki Panien i Młodzieńców liczyły już około 200 osób. W tym samym roku założone zostało pierwsze stowarzyszenie śpiewacze.

Po odejściu pastora Gutschke, w czerwcu 1914 roku duchownym w parafii został przybyły z Warszawy Juliusz Lübeck. Rok później, po wyjeździe księdza F. Brauera, Lübeck zmuszony był sam opiekować się wiernymi. Z jego inicjatywy powstał Dom Diakonis oraz dom dla sierot. Ponieważ jednak opieka nad dziećmi w wynajętych pomieszczeniach była dość kosztowna, zdecydowano się na budowę sierocińca w Aleksandrowie, którą ukończono w roku 1912.

W roku 1908 baptyści otrzymali pozwolenie od władz carskich na prowadzenie kursów biblijnych, które miały na celu kształcenie nowych pastorów. Trwały one 3 lata i uczęszczało na nie około 30 mężczyzn. Na kursach nauczali: E. Mohr i M. Schmidt. W roku 1911 władze carskie zabroniły prowadzenia kursów.

W październiku 1911 baptyści zmuszeni byli rozstać się z pastorem Lübeckiem, który wyjechał do Odessy. Jego miejsce zajął dotychczasowy duchowny wspólnoty przy ul. Nawrot 27, E. Mohr.

W parafii powstawało wiele różnorodnych organizacji i stowarzyszeń – w tym czasie działały m.in. Związki Dziewcząt i Chłopców założone z myślą o starszych uczniach szkoły niedzielnej oraz Związek Kobiet i Stowarzyszenie Samarytanek, mające nieść pomoc biednym i chorym.

33 Kościół baptystów – ul. Rzgowska 41

Z myślą o baptystach mieszkających na Chojnach postanowiono zakupić działkę budowlaną przy ulicy Rzgowskiej 41, na której w roku 1908 rozpoczęto budowę świątyni (obecnie kościół rzymskokatolicki Matki

Boskiej Anielskiej ojców Franciszkanów). Jej poświęcenie odbyło się 25 października 1910 roku.

Na stanowisko duszpasterza tejże wspólnoty powołany został P. Brandt. Przy parafii działała szkoła niedzielna, do której uczęszczało 200 dzieci. W tym samym czasie działały także: klasa biblijna, stowarzyszenia młodzieżowe, chór oraz orkiestra.

Kościół baptystów – ul. Limanowskiego 60 — 34

*T*rzecim kościołem baptystów powstałym na terenie miasta była świątynia przy ulicy Aleksandrowskiej 60 (obecnie kościół polskokatolicki pod wezwaniem Świętej Rodziny, ul. Limanowskiego 60). Zakupu ziemi pod jej budowę dokonano już w roku 1911, lecz prace budowlane rozpoczęto dopiero w roku 1920. Po pięciu latach budynek kościelny z 450 miejscami siedzącymi mógł zostać oddany do użytku. Jego poświęcenie odbyło się 22 listopada 1925 roku.

Marcin Dąbrówka
Marek Motylewski

Nicht nur Arbeit und Geld, auch Gebet und Almosen

D. h. auf den Spuren deutscher Kirchen und Pfarrgemeinden

Radogoszcz • Limanowskiego • Rynek Bałucki plac Wolności • Piotrkowska • Rzgowska

*D*er multikonfessionelle Charakter der Stadt brachte es mit sich, daß sowohl katholische, evangelische als auch russisch-orthodoxe Kirchen und Synagogen entstanden. Die Nationalität war nicht immer ein Hinweis auf die Religionszugehörigkeit: Pole-Protestant, Deutscher-Katholik, das war kaum noch erstaunlich. Nur die Juden, die einen großen Wert auf die Kultivierung ihrer Eigentümlichkeiten legten und die Russen, die vorwiegend zur griechisch-orthodoxen Kirche gehörten, wollten ihre Identität bewahren. Es sind jedoch Fälle aus der Geschichte der Stadt bekannt, daß katholische und griechisch-orthodoxe Kirchen oder auch Synagogen von deutschen Protestanten gespendet wurden. Die reichen Juden dagegen hatten ihren Anteil an dem Bau christlicher Gottestempel.

Unter der kräftig wachsenden Zahl neuer Einwohner, die in Lodz vorwiegend aus Sachsen, Böhmen und Schlesien ankamen, fand sich eine große Zahl von Protestanten. Der erste angesiedelte und registrierte Lutheraner war im Jahre 1815 der Fleischer Reyter.

Nicht nur Arbeit und Geld, auch Gebet und Almosen

Eine der gesetzlichen Garantien, der Artikel 7 der Bestimmungen des Administrativen Rates vom 18. September 1820, sicherte den Kolonisten staatliche Hilfe bei der Einrichtung ihrer seelsorgerischen Betreuung und beim Bau ihrer Kirche und des Gemeindehauses zu. Die günstigen Voraussetzungen für eine Ansiedelung hatten zur Folge, daß zugleich mit dem Anstieg der Bevölkerung von Lodz auch die Zahl der Protestanten anstieg. Durch den Zufluß sovieler Gläubiger wuchs das Bedürfnis, das religiöse Leben zu organisieren.

Wir schlagen Ihnen nun vor, folgende Stätten des religiösen Lebens zu besuchen:

21. St. Trinitatis-Kirche (ul. Piotrkowska 2/4) 76
22. Die Kapelle – Kantorat Żubardź (ul. Sierakowskiego 3) 79
23. Die Kapelle – Kantorat Bałuty (ul. Organizacji WiN 2a) 79
24. St. Johannes-Kirche (ul. Sienkiewicza 60) 80
25. St. Matthäikirche (ul. Piotrkowska 283) 81
26. St. Michael-Kirche (ul. Liściasta 9) 84
27. Den Versammlungssaal – Kantorat Radogoszcz (ul. Zgierska 141) 84
28. Die Kapelle der Herrnhuter (ul. Żeromskiego 56) 85
29. Die evangelisch-reformierte Kirche (ul. Radwańska 37) 86
30. Die Heilig-Kreuz-Kirche (ul. Sienkiewicza 38) 86
31. Das Gebetshaus der Baptisten (ul. Nawrot 36) 89
32. Die Kirche der Baptisten (ul. Nawrot 27) 90
33. Die Kirche der Baptisten (ul. Rzgowska 41) 92
34. Die Kirche der Baptisten (ul. Limanowskiego 60) 92

21 St. Trinitatis-Kirche – ul. Piotrkowska 2/4

*W*ir schlagen vor, die Wanderung entlang den Spuren der Kirchen und der Kirchengemeinden mit dem Besuch der St. Trinittatis-Kirche zu beginnen (heute römisch-katholische Kirche Świętego Ducha an der ul. Piotrkowska 2/4)

Im Jahre 1822 trat die evangelische Gemeinde von Lodz an den damaligen Bürgermeister Czarkowski mit der Bitte heran, eine Kirche bauen zu dürfen. Im Juni 1824 wurde eine amtliche Zählung der Protestanten durchgeführt und noch im selben Jahr faßte man den Beschluß, die St.-Trinitatis-Kirche zu errichten, womit zwei Jahre später an der Ecke des Nowy Rynek (des heutigen plac Wolnosci) begonnen wurde. Man feierte die Grundsteinlegung am 27. April 1826. In Lodz und Umgebung wohnten damals etwa 600 Familien evangelischen Bekenntnisses. Sie alle gehörten bis dahin der evangelischen Gemeinde in Zgierz an, deren Pastor, Pfarrer Henryk Bando, an der Spitze des Baukomitees der neuen Kirche stand. Diesem Komitee traten im Jahre 1825 noch folgende Personen bei: der Fabrikant Ch. E. Wendisch, der Kaufmann Jan Adamowski und der Gemeindevorsteher von Nowosolna Klebsattel. Der Bau der Kirche, welcher von Jakob Peters beaufsichtigt wurde, endete mit der Einweihung am 26. Juli 1829. Gespendet wurde das Gotteshaus von Ch. F. Wendisch, A. Rundzieher, J. Adamowski, A. Ch. Frost und anderen.

Nach dem Bau der Kirche traten auch Bewohner der Dörfer, die im Umkreis von 1,25 Meilen um die Stadt lagen, der Gemeinde in Lodz bei. Unter ihnen fanden sich auch 40 Familien evangelisch-reformierten Bekenntnisses.

Ohne Absprache mit dem Konsistorium wurde der aus Chemnitz angekommene Pfarrer Friedrich Gottlieb Metzner am 8. Juli 1827 zum ersten Pastor gewählt.

Die ersten Wahlen zum Kirchengemeinderat fanden am 14. Dezember 1849 statt. Bezeichnend war die Tatsache, daß zu diesem vor allem wohlhabende Mitglieder der Gemeinde gehörten: Besitzer von Spinnereien oder Mühlen, Bäcker und Zimmerluete. In späterer Zeit wurden diese Funktionen auch von Potentaten der Lodzer Industrie, wie K. Scheibler und L. Grohman, ausgeübt.

Im Jahre 1852 starb Pfarrer Friedrich Metzner. Eine Pastorenstelle in einer sich so dynamisch entwickelnden Gemeinde rief großes Interesse unter der evangelischen Geistlichkeit hervor. Aus dem Kreise der Kandidaten, die sich meldeten, wählte die Gemeindeversammlung Karl-Gustav Manitius, dessen seelsolgerische Tätigkeit in die größte Blütezeit von Lodz und ihrer evangelischen Gemeinde fällt. Im Jahre 1865 wurde Pfarrer Manitius als Strafe für seine Unterstützung des Januaraufstandes von den Staathaltern des Zaren nach Łomża versetzt. Ab diesen Zeitpunkt wurde die Gemeinde von den Pfarrern A. Modl (1865-67) und E. Bursche aus Zgierz (1867-68) verwaltet. Erst am 3. März 1868 wählte die Gemeindeversammlung zum neuen Pastor Klemens Bertold Rondthaler, bis dahin Vikar der Gemeinde. Während seiner Amtsdauer war die Arbeit in der Gemeinde besonders intensiv.

Auf Initiative der Protestanten wurde 1831 der erste Lehrer nach Lodz geholt. Es war Gottfried Kirsch, der die Führung der Grundschule übernahm, welche damals über 120 Kinder zählte. Der neue Lehrer übte zugleich die Tätigkeit des Orgelspielers in der St.-Trinitatis-Kirche aus.

Im November des Jahres 1885 fand in der Gemeinde St.-Trinitatis eine Versammlung statt, auf welcher der Abriß der alten, klassizistischen Kirche beschlossen wurde, damit an ihrer Stelle ein neues Heiligtum im Stile der Neorenaissance erstehen konnte. Mit dem Projekt wurde Baumeister Otto Gehling beauftragt. Gehlings Plan wurde aber, ähnlich wie im Falle der St.-Johannes-Kirche, vom Bezirkarchitekten unterschrieben, um die mit dem

Bau des Gotteshauses verbundenen Formalitäten zu reduzieren. Die Wiedereinweihung der Kirche erfolgte am 3. Februar

In den ersten Nachkriegsjahren waren Rudolf Gundlach und Paul Hadrian die Pastoren der St.-Trinitatis-Gemeinde, die ihre Ämter vom Jahre 1898 an ausübten. Dabei teilten sie sich sowohl Rechte als auch Pflichten. Während des Zeitraums von 1910-1922 half der Religionslehrer und Diakon, Pfarrer August Gerhardt, bei der Gemeindearbeit. Nach dessen Weggang verzichtete man auf einen Diakon. In der Kirche halfen auch Vikare, die jedoch häufig ihr Amt aufgaben, um selbst eine andere Gemeinde zu übernehmen.

Doch war wohl Pfarrer R. Gundlach auf Grund seines Fleißes, seines Charakters und seines Organisationstalentes der bedeutendste der erwähnten Personen. Er veranstaltete seine religiösen Diskussionen und Gottesdienste nicht nur in der Kirche, sondern auch in den Räumlichkeiten des „Studying Theaters" in der ulica Kopernika 8 und in Privathäusern. Der hervorragende Theologe und Verfasser vieler religiöser Gedichte, der viele

Auszeichnungen für seine karitative Arbeit und seinen Einsatz im Bildungswesen erhalten hatte, übte vom Jahre 1905 an die Tätigkeit eines Beraters des Konsistoriums aus. Während des Ersten Weltkrieges vertrat er J. Bursche auf dem Stuhl des Bischofs (Superintendenten). Nach dem Ableben Pfarrer Gundlachs übernahm Pfarrer P. Hadrian die Führung der Gemeinde.

Als dieser nach nur kurzer Amtszeit verschied, trat Pfarrer Theodor Patzer, welcher der Rektor des „Hauses der Barmherzigkeit" war, im Januar 1924 an seine Stelle. Aus der Liste der Bewerber, die sich auf die neue Ausschreibung der Priesterstelle hin gemeldet hatten, wurden am 3. August 1924 Albert Wannagat (bis zum Jahre 1940) und Gustav Schedler (bis zum Jahre 1945) von der Gemeindeversammlung in ihre Ämter gewählt.

In diesem Zeitraum hatte die Gemeinde keinen Einfluß auf den Religionsunterricht in der Schule. Sie hatte nur eine überwachende Funktion, ohne daß sie aber Einfluß auf den Schulplan nehmen konnte. Aufgrund der geringen Qualifikation vieler Katecheten, war das übermittelte Wissen von recht bescheidenem Niveau. Daher wurden die Bildungslücken der Kinder durch Gottesdienste in der Kirche und in den Kantoraten ausgefüllt.

In den Anfängen der St.-Trinitatis-Kirche wurden die unregelmäßig abgehaltenen Gottesdienste nur in deutscher Sprache gefeiert. Später in der Zeit zwischen den Kriegen wurden zwischen vier und sechs Gottesdienste jeden Sonntag in den Kirchen, sowie in den Kantoraten im Stadtteil Żubardź (heute ul. Sierakowskiego 3), in Baluty (heute Organizacji WIN 2a, wo die PW Opatrznosci Bozej Evangelisch-Methodistische Gemeinde ihren Sitz hat), in Antoniewo-Stoki und in der Kapelle des Armenhauses in der ul. Dzielna 52, gefeiert. Der bis dahin nur jede zweite Woche abgehaltene polnische Gottesdienst wurde ab dem Jahre 1928 bereits jeden Sonntag um 12.00 Uhr gefeiert. Die verschiedenen Veranstaltungen in der Gemeinde konnten der lokalen Presse entnommen werden. Neben den regelmäßigen Gottesdiensten wurden auch Gottesdienste zu speziellen Anlässen und auf Wunsch eines Gemeindemitgliedes sogar zu Hause gefeiert.

Jedoch beschwerten sich die in der Gemeinde tätigen Pfarrer über immer geringeres Interesse für die Angelegenheiten der Kirche seitens der Bevölkerung. Den Gemeindemitgliedern fehle das persönliche Engangement und die Bereitschaft zur Arbeit. Sie interessierten sich mehr für politische und nationalistische Probleme, als für religiöse und kirchliche, was das Gemeindeleben nachhaltig präge.

24 St.-Johannes-Kirche – ul. Sienkiewicza 60

*D*as nächste Ziel auf unserer Wanderung ist die zweite evangelisch-augsburgische St.-Johannes-Kirche (heute römisch-katholische Heilig-Geist-Kirche an ul. Sienkiewicza 60)

Im Jahre 1862 beschloß man den Bau einer zweiten noch herrlicheren Kirche, die man dem heiligen Johannes widmete. Doch konnte man erst im Jahre 1881 mit dem Bau beginnen, nachdem die Statthalter des Zaren den Bau bewilligt hatten. Nach vierjähriger Bauzeit wurde das Meisterwerk in der ul. Mikołajewska (heute Sienkiewicza 60) vollendet, das wir dort bis heute noch bewundern können. Der Vorsitzende des 1876 ins Leben gerufenen Baukomitees war Karl Scheibler. 1879 erstellte dann Ludwig Schreiber den Plan für den Kirchenbau. Zwar wird Hilary Majewski in alten Quellen als Architekt angegeben, doch dürfte das nur geschehen sein, um von den russischen Behörden leichter die Baubewilligung zu erhalten. Die Bauarbeiten wurden von Robert Nestler und seinem Betrieb durchgeführt. Am Anfang überwachte Ludwig Schreiber selbst die Arbeiten, welche aber im späteren Verlauf dann von Hilary Majewski kontrolliert wurden. Dieser zeichnete verantwortlich für die Durchführung des letzten Feinschliffes an der Kirche. Der Grundriß hat die Form eines Kreuzes. Die Kirchenfenster im Presbiterium stellen Christus und die vier Apostel dar. Der Altar und die Kanzel aus Eichenholz entstanden in den Werkstätten der Lodzer Bildhauer Rigon und Knorr, dagegen stammen die Malereien, die den Altar schmücken, von dem Krakauer Maler Jan Styka.

Die Einweihung fand am 4 Oktober 1884 statt. Die Kirche hatte vielen Gönnern zu danken, vor allem aber den Familien Scheibler und Herbst, von denen sie beträchtliche Geldspenden erhalten hatte. Familie Herbst sorgte unter anderem für die Finanzierung des Pfarrhauses.

Durch den Bau der zweiten Kirche war man zur Teilung der Pfarrei gezwungen. Die Grenze verlief entlang die Straßen Andrzeja und Przejazd (heute Andrzeja Struga und Juliana Tuwima). Von da an gehörte der nördliche Teil der Stadt der St.-Trinitatis-Kirche und der südliche Teil der Stadt der St.-Johannes-Kirche an.

Am 12. November 1885 fanden die ersten Wahlen zum Kirchenrat statt, in deren Verlauf L. Grohman, E. von Herbst, J. Steigert sen., W. Schweikert, J. Albrecht und J. Kunitzer in diesen berufen wurden. Am 25 März 1885 wurde Wilhelm Peter Angerstein als Pfarrer bestellt, welcher der Gemeinde bis zu seinem Tod im Jahre 1928 diente.

Von Anfang an war die Kirche auch an Wochentagen stets überfüllt, nicht zu sprechen von den Sonntagsgottesdiensten.. Zusätzlich führte man für die Gläubigen auch noch Bibelstunden ein. Auf Initiative von Pfarrer Angerstein hin entstanden eine Reihe von Vereinen, die am Leben der Pfarrei aktiv teilnahmen.

Der zweite bedeutende Pastor dieser Gemeinde, der in den Jahren 1898-1939 tätig war, war Julius Dietrich.

Die Beziehungen zwischen den Geistlichen und dem kirchlichen Gemeinderat waren gut. Dem Kollegium haben zwölf weltliche Mitglieder und alle Etatgeistlichen angehört. Dem Gemeinderat gehörten Leute aus der reichsten Gesellschaftsschicht an, vor allem Fabrikanten: J. Kindermann, T. Steigert, O. Eisenbraunn, J. Triebe und Dr. K.Schweikert; Kaufleute: A. Lipski, Rudolf Römer und außerdem: der Besitzer einer Druckerei Zygmunt Manitius, der Bauunternehmer J. Wende, der Beamte E. Hempel und der Schlossermeister R. Buhle. Die Arbeiter, die die Mehrheit in der Kirche bildeten, hatten im Kollegium keinen Vertreter.

Am Sonntag predigte man gewöhnlich dreimal: um 8.00 Uhr (im Winter um 18.00 Uhr), um 10.00 und um 11.00 Uhr auf polnisch. In der Woche gab es auch Nachtsgottesdienste, die sehr oft von religiösen Gesängen und Musikkonzerten begleitet wurden.

Außer den Gottesdiensten und Gebetsversammlungen gab es in der Gemeinde auch weltliche Veranstaltungen: alljährliche Gartenfeste der St. Matthäikirche, wo neben dem religiösen Nachdenken auch Sinfonie- und Blasorchesterkonzerte, Spiele für Kinder, Glückslotterie und Sportwettkämpfe stattfanden.

St. Matthäikirche – ul. Piotrkowska 283   **25**

Die nächste Kirche auf unserer Trasse befindet sich an der ul. Piotrkowska 283. Sie gehört zu den größten Sakralbauten von Lodz. Es ist die St. Mathäikirche, heute die einzige evangelische Kirche in der Stadt.

Um die Jahrhundertwende des 19. und 20. Jh. war ein ernstes Problem für die evangelische Gemeinschaft in Lodz die ungenügende Zahl der

Kirchen, das mit dem gewaltigen Zuwachs der Gläubigen verbunden war. Im Jahre 1909 betrug die Zahl der Lutheraner 101 500 und war gleichzeitig die höchste in der Geschichte der Stadt. Die St. Trinitatis Gemeinde, die nur 1/3 der Lodzer Lutheraner um sich scharte, hat schon früher die anwachsenden Schwierigkeiten bewältigt, indem sie die Kirche umbauen ließ. Etwas kompilizierter schien dieses Problem im südlichen Teil der Stadt zu sein, der von den Mitgliedern der St. Johannes Gemeinde bewohnt war. Für diese Gläubigen hat schon im Jahre 1898 Wilhelm Peter Angerstein, Pfarrer der St. Johannes Gemeinde, den ersten Anstoß zum Bau einer neuen St. Matthäi-Kirche gegeben. Im Jahre 1901 wählte man das Baukomitee, das aus 40 Personen bestand, u.a. Gustav Geyer, Adolf Meyerhoff und Robert Nestler. Am 30. Oktober desselben Jahres hat das Konsistorium der Evangelisch-Augsburgischen Kirche in Warschau den Bau des Gottestempels bestätigt. Die Bemühungen des Komitees, die entsprechenden Mittel und die Bestätigung der Projekte zu bekommen, dauerten bis zum Jahre 1909. Nachdem alle Formalitäten erledigt waren, ist Pfarrer W. P. Angerstein nach Deutschland gefahren, um sich dort mit den Entwicklungen beim Bau der evangelischen Kirchen bekannt zu machen. Vorbild für das Lodzer Gebäude waren wahrscheinlich zwei Gottestempel, die St. Johannes Kirche in Breslau (entworfen von dem Architekten Johann Kröger) und die St. Jacobi Kirche in Dresden (entworfen von den Architekten Gaze und Böttcher). Dann hat man die Architekten Robert Nestler, Johann Wende und Paul Rübensahm, die mit der deutschen Gemeinschft verbunden waren, gebeten, anhand dieser Vorbilder erste Entwürfe der Kirche zu machen. Als bester erwies sich der Vorschlag von Johann Wende, einem Architekten, der damals ein Mitbesitzer der Baufirma „Wende & Klause" war.

Am 8. Oktober 1909 feierte man auf dem Platz bei der ul. Piotrkowska 279/283 die Grundsteinlegung. Angesichts des bestehenden Bedarfs und dank der großen Opferbereitschaft der Lodzer Lutheraner, hat man schnell auf den Bau einer kleinen Kirche verzichtet, um statt dessen einen Gottestempel zu errichten, der im Stande wäre, eine erheblich größere Zahl der Gläubigen zu fassen. Um die Korrektur des Projekts hat man den Berliner Architekten, Franz Schwechten gebeten, dessen Anweisungen dann Johann Wende bei der Bearbeitung eines neuen Plans halfen.

Auf dem für die Kirche bestimmten Platz stand am Anfang die St. Matthäi-Kappele, die vom Ehepaar Herbst gestiftet wurde. Bis 1914 dauerten die Bauarbeiten des künftigen Gotteshauses, die durch den Ausbruch des ersten Weltkrieges gehemmt wurden. In dieser Zeit diente die unvollendete, provisorisch überdachte Kirche mit ihren Wirtschaftsgebäuden als Hauptwohltätigkeits- , Nahrungsverteilstelle und Zufluchtsort für die Opfer der Kriegswirren. Die Pfarrgemeinde organisierte Hilfe für Greise, Kindertransporte aufs Land, Fürsorge für Krüppel und Kriegsgefangene und ein Arbeitsvermittlungsbüro. Nach der Beendigung der Kriegshandlungen, dank der persönlichen Beteiligung des Pastors Julius Dietrich und der Opferfreudigkeit der Gemeindemitglieder, vollendete man den Bau der St. Matthäikirche, die am 1. November 1928 eingeweiht wurde.

Bei der Besichtigung der Kirche sollte man besonders den Altar, die Kanzel und die Orgel beachten. Der Altar stellt Jesus beim Gebet in Gethsemane dar und wurde aus weißem Marmor nach einem Entwurf des Architekten P. Senff durch die Lodzer Baufirma Jäger&Milnikel ausgeführt. Die Kanzel, ebenfalls aus weißem Marmor, wird von einem Relief geschmückt, das die vier Evangelisten darstellt. Die Orgel wurde von der damals in der ganzen Welt berühmten Firma der Brüder Otto und Gustav Rieger aus Jägendorf erbaut. Heute gehört sie zu den größten Orgeln Polens.

Erst nach der Einweihung der St. Matthäikirche beschloß man, die St. Johannesgemeinde zu teilen. Zu diesem Zweck entstand der 20 Mitglieder zählende Ausschuß, zu dem zehn Personen aus der St. Johannesgemeinde gehörten. Die Teilungsbedingungen wurden durch die Gemeindeversammlung der St. Johannesgemeinde am 10. Januar 1929 verabschiedet. Die Grenze sollte durch die Mitte der folgenden Straßen verlaufen: Radwańska, Brzeźna, Sienkiewicza, Tuwima, Kilinskiego, Emilii, Przędzalniana und Milionowa.

Das neu errichtete Gotteshaus erhielt, ähnlich wie die St. Johanneskirche eine wesentliche, finanzielle Unterstützung von den Familien der Lodzer Großindustriellen: Scheibler sowie Mathilde und Eduard Herbst. Die von ihnen gestiftete Turmuhr, große Fenster und die Kirchenglocken können wir bis heute bewundern. Die Kirche wurde auch teilweise durch Lodzer Fabriken, Privatfirmen und einzelne Personen unterstützt.

Im Jahre 1929 wurde A. Löffler Pastor der Gemeinde, der sein Amt bis 1945 ausgeübt hatte. In der Seelsorgearbeit leistete ihm Pastor Gustav Berndt Hilfe. Seit dem Jahre 1937 arbeiteten in der Gemeinde noch zwei Pfarrverweser: Hary und Gerhardt Richter.

Jeden Sonntag fanden zwei Gottesdienste statt. Die Bibelstunden wurden in der St. Matthäi-Kappele abgehalten, die sich in der Nähe der Kirche befand. Regelmäßig wurden auch Kindergottesdienste abgehalten und zwar von einem Helferkreis.

26 St. Michaelkirche – ul. Liściasta 9

Die letzte evangelische Kirche auf unserem Weg ist nun die St. Michaelkirche (jetzt Karmelitenpfarrkirche zum Hl. Joseph an ul. Liściasta 9).

1910 wurde auf dem Gebiet des Kantorats Radogoszcz ein Gebäude erbaut, in dem sich zwei Unterrichtssäle, eine Kantorwohnung sowie ein 150 Plätze fassender Versammlungssaal befanden. Noch vor dem Entschluß, in Radogoszcz eine selbständige St. Michaelpfarrei zu gründen wußte man, daß dieses Gebäude alle Gläubigen nicht fassen kann. Zu der am 31. Januar 1932 neu entstandenen St. Michaelpfarrei gehörten die Protestanten aus der Pfarrei in Zgierz, die zwei Kantorate umfaßte, Radogoszcz und Żabieniec, wie auch die aus Langówka, Lorencowki, Rogów und Marysin.

Zu den Aufgaben des Gemeinderates der neu entstandenen Pfarrei gehörte die Durchführung der Pastorenwahl. Sie fand am Sonntag, den 31. Juli 1932 statt. Aus den beiden Bewerbern um diese Stelle wählte man den bisherigen Vikar an der St. Trinitatis-Kirche, den Pastor Artur Schmidt. Die Amtseinführung des neuen Pastors fand am Erntedanksonntag, den 2. Oktober 1932 statt.

Schon im November 1932 fand an der Stelle, an der die neue Kirche entstehen sollte, die feierliche Grundsteinlegung für das künftige Pfarrgebäude statt. Der Entwurf stammte vom Diplomingenieur Alfons Prawitz. Mit den Bauarbeiten wurde der Maurermeister Freigang beauftragt. Bis zum Winter wurde das Gebäude im Rohbau seiner Bestimmung übergeben.

Der Bau der Kirche war ein wichtiges Ereignis im Leben der Pfarrei. Die Pläne entwarfen die Diplomingenieure A. Beurton aus Zgierz und H. Prawitz aus Lodz. Dank der Bemühungen des Pastors Schmidt konnte ihr Plan vor dem 15. November 1933 bestätigt werden, dem Tag an dem die feierliche Grundsteinlegung erfolgen sollte. Die Bauarbeiten führte die Firma Julius Seifert aus Lodz aus. Für den Bau verbrauchte man 450 000 Ziegeln, deren größte Zahl aus Schenkungen kam, u. a. den Gebrüdern

Häusler und von Otto Zielke. In den Kollekten während der Gottesdienste, der Pfarrfeste und der Hausbesuche konnte man bis zum Ausbruch des Krieges Sach- und Geldspenden im Gesamtwert von 125 000 Zloty ansammeln. So konnte der Bau im Rohzustand 1938 seiner Bestimmung übergeben werden. Bis heute ist aber der Kirchturm unvollendet geblieben.

Obwohl sich das Innere der Kirche noch armselig darstellte (provisorische Kanzel, Bänke aus Brettern, die auf Ziegeln gelegt waren) fand hier 1939 die erste Konfirmation statt. Seit 1941 wurden bereits alle Gottesdienste in der Kirche abgehalten. Nur im Winter fanden sie im beheizten Keller unter der Kirche statt.

Während des Krieges setzte man den Kirchenbau fort, trotz finanzieller Schwierigkeiten und der Probleme mit der Materialbeschaffung. Nach dem Tod A. Beurtons fuhr Pastor Schmidt nach Berlin, um mit dem Diplomingenieur D. Bartning die Pläne des Innenausbaus der Kirche zu besprechen. Die Pläne wurden bis 1942 fertig, aber die Protestanten haben den Bau der Kirche nie beendet, denn nach dem Krieg ging die Kirche in den Besitz der barfüssigen Karmeliter über.

Die Herrnhuter – ul. Żeromskiego 56 — 28

*U*nser nächstes Ziel ist die Herrnhuterkappele (heute polnisch-katholische Kirche Matki Boskiej Nieustającej Pomocy)

Eine der interessantesten Religionsgemeinden in Lodz, die in der Zeit der industriellen Entwicklung der Stadt existierten, waren die Herrnhuter, eine Gemeinschaft pietistischen Charakters, die zur Evangelisch-Augsburgischen Kirche in Polen gehörte und die sich jedoch der Unabhängigkeit und der Autonomie erfreute. Das war eine alte in der Zeit der Reformation entstandene Gruppe, die aus einem Zweig des deutschen Anabaptismus gebildet wurde. Der Name Mährische Brüder geht auf Mähren zurück, dem Gebiet, in dem sie Schutz vor den religiösen Verfolgungen fanden. Im 19. Jahrhundert haben sie sich in Sachsen im Besitztum des deutschen religiösen Reformators Nikolaus Ludwig von Zinzendorf niedergelassen, wo sie die Siedlung Herrnhut gründeten, von der ihr zweiter Name stammt.

Schon im Jahre 1818 gab es eine brüderliche Gemeinschaft in Nowosolna. Anfangs sammelte sie sich in Privatwohnungen und seit 1847 schon im eigenen Saal, zuerst in der ul. Piotrkowska 105 und dann in der ul.Andrzeja 12 (genau an der heutigen Kreuzung der ul. Struga und ul. Kościuszki.). Die Gemeinde wurde von Predigern und vom Altenrat geleitet. Seit 1912 fanden die Gottesdienste der brüderlichen Gemeinde in der Kappele in der ul. Pańska 56 (heute Żeromskiego 56) statt, die höchstwahrschenlich Theodor Grünewald aus Breslau entworfen hat.

29 Die evangelisch-reformierte Kirche – ul. Radwańska 37

Wenn wir in südlicher Richtung die ul. Żeromskiego weitergehen, können wir das nächste Sakralgebäude auf unserer Strecke erblicken, die evangelisch-reformierte Kirche.

Diese Gemeinde war nicht sehr zahlreich. Die Pfarrei enstand erst 1904. In ihrem Gebäudekomplex an der ul. Radwańska 33 (heute Radwanska 37) fanden der Unterricht der Elementarschule und auch die Gottesdienste statt. In dem Gebäude befand sich auch die Kantorwohnung. Bald wurden aber die Räume für die Bedürfnisse der Pfarrei zu eng. Man beschloß, eine Kirche zu bauen. Das für den Bau bestimmte Geld wurde aber für karitative Zwecke ausgegeben. So mußte man schließlich auf zwei Kirchenentwürfe verzichten, denn das Geld reichte nicht für den Bau. Stattdessen errichtete man ein schlichtes neoklassisches Gotteshaus, das 1932 eingeweiht und seiner Bestimmung übergeben wurde.

30 Die Heilig-Kreuz-Kirche – ul. Sienkiewicza 38

Zur Besichtigung der katholischen Heilig-Kreuz-Kirche bitten wir Sie, sich in die ul. Sienkiewicza zu begeben.

Der Grundstein zu der Heilig-Kreuz-Kirche, die sich an der Ecke der ul. Mikołajewska und ul. Przejazd befindet, ist bereits am 23. August 1859 gelegt worden. Aus verschiedenen Gründen verzögerte sich der Bau, so daß erst am 22. Oktober 1875 die Kirche nach vorheriger zwischenzeitlicher Einsegnung durch den damaligen Pfarrer dieser Gemeinde, Dekan Dąbrowski geöffnet werden konnte. Die feierliche Einweihung wurde vom Erzbischof Wincenty Popiel am 19. Mai 1888 vollzogen.

Bis zum Jahre 1883 bildete die Heilig-Kreuz-Kirche eine Filialkirche der Maria-Himmelfahrt-Gemeinde. Erst nach der Teilung der letztgenannten Gemeinde, konnte die Heilig- Kreuz-Kirche als eine selbstständige administrative Einheit funktionieren.

Die ersten Zeichen der Tätigkeit der deutschen Katholiken in Lodz wurden schon im Jahre 1856 sichtbar, als an der Hl. Kreuz-Kirche viele Kirchengesangvereine entstanden sind. Das waren vor allem: der Kirchengesangverein „Cäcilie" (1856); „Hieronymus"- (1885 gegründet), Kirchengesangverein seit 1920, zuletzt an der Kostka-Kathederale wirkend; „Gloria" (1888) später Kirchengesangverein an der Maria-Himmelfahrt-Kirche in der Altstadt; „Anna" gegründet 1902 an der Anna-Kirche im südlichen Teil der Stadt; „Laudate" gegründet 1925.

Im Jahre 1916, hat Adolf Eichler zusammen mit seinen Freunden den Deutschen Verein, Hauptsitz Lodz, gegründet. Seine Veranstaltungen waren von vielen Leuten besucht, auch von den Persönlichkeiten der damaligen Besatzungsmacht. Viele Deutsche beider Konfessionen besuchten evangelische Militärgottesdienste von Pfarrer Willigmann, später Prof. Paul Althaus und katholische von Pater Sigismund Brettle. Prof. Althaus, der sich besonders seinen Glaubensgenossen widmete, nahm bald an dem Leben des Vereins teil. Auch Gouvernementspfarrer S. Brettle, ein gut gebildeter Ordensbruder, Verfasser von vielen religiösen Büchern, Redner von Format, zeigte viel Verständnis für die deutschen Katholiken von Lodz und Umgebung. Er veranstaltete für sie Versammlungen und gab ein Lodzer Beiblatt zum Posener katholischen „Wegweiser" heraus. Die erste große Versammlung der deutschen Katholiken fand am 20. Mai 1917 statt, die zweite zu Pfingsten 1918 in Pfaffendorf. Sie wurden von mehr als 5000 Menschen besucht. Kurz darauf enstand der „Verein deutschsprachiger Katholiken" mit dem Hauptsitz in der ul. Glówna. (heute al. J. Piłsudskiego). Er hat sich sehr rasch entwickelt und bald entstanden eine Geschäftstelle, eine Bücherei, ein gemischter Kirchenchor und Ortsgruppen. Nach dem Jahr 1933 wurde der Sitz in die ul.Piotrkowska 102 versetzt. Die Monatsversammlungen in der Aula des deutschen Gymnasiums mit Vorträgen und Darbietungen nicht nur vom religiösen Charakter standen unter der Losung: „Treue zum Glauben und zum angestammten Volkstum, Beistand dem Nächsten in geistiger und materieller Not!".

In Rahmen der großzügigen Tätigkeit verschiedener Organisationen, die bei dem Verein tätig waren, versuchte man in Mittelpolen das deutsche Schulwesen zu reformieren.

Nach dem 11. November 1918, sind in Polen neue politische Strukturen entstanden. In dieser Zeit, wurde der Verein aufgelöst und im April 1919 hat er seine Tätigkeit eingestellt. Der Wandel der goepolitischen Situation hatte auch keinen positiven Einfluß auf die Stimmung unter den deutschen Katholiken in Lodz. Deshalb war es immer schwerer, das Vereinsleben zu erhalten. Erst die Arbeit des neuen Vorstands mit Robert Klikar, Otto Toegel, Adolf Wihan und den Damen Hüffer und Kalinowska an der Spitze, aktivierte das Vereinsleben.

Die überwiegende Zahl der deutschen Katholiken gehörte zu Hl.-Kreuz-Kirche und zu Hl.Anna-Kirche. 1914-1918 machten sie eine Gruppe von viertausend Menschen aus. 1920-1928 gab es an der Hl.-Kreuz-Kirche etwa sechshundert deutschsprachige Glaubensbrüder. Als der Verein deutschsprachiger Katholiken das Lokal an der Hl.-Kreuz-Kirche übernommen hat, besuchten viele deutscher Lodzer, die auch andere Stadtteile bewohnten, diese Kirche und nahmen sie als ihre eigene an. Deshalb wurden 1936 an dieser Pfarrei 2700 deutschsprachige Gläubige registriert.

Im Oktober 1922 begab sich der erste Vorsitzende des Vereins deutschpraciger Katholiken in Lodz zum damaligen Bischof Tymieniecki mit der Bitte, ihnen zu helfen, einen deutschsprachigen Seelsorger nach Lodz zu holen. Bald danach ist in Lodz ein neuer Pfarrer, Max Heymann angekommen. Die Ansage seines ersten Gottesdienstes erschien in der örtlichen deutschen Presse. Dieser Gottesdienst wurde von etwa fünftausend Katholiken besucht. Seit dem Bestehen der Hl.-Kreuz-Kirche hat man noch nie einen solchen Kirchenbesuch bei einer Messe für deutschstämmige Katholiken gesehen. Pfarrer Heyman und seine Predigten belebten das Pfarreileben. Der Verein deutschpraciger Katholiken hatte ein führendes Haupt bekommen. Seine Monatsversammlungen haben an Anziehungskraft gewonnen und die sonntäglichen Gottesdienste waren immer gut besucht. In dieser Zeit beschäftigte man sich wieder mit der karitativen Tätigkeit. Ihre Blütezeit erlebten auch viele andere Organisationen: Rosenkranzbruderschaft, Katholische Mädchengruppe, Marianische Jungfrauen Kongrega-

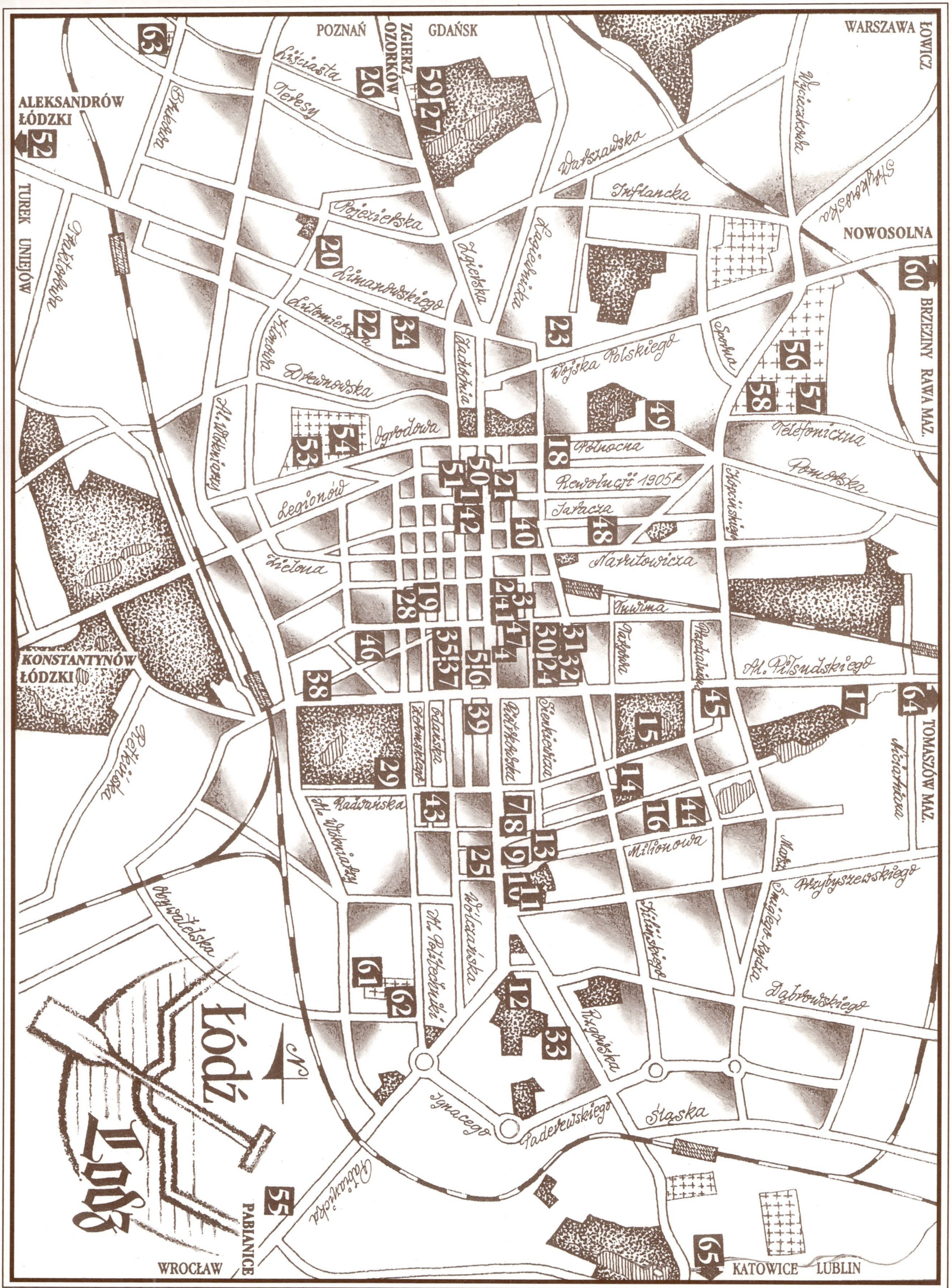
POZNAŃ
GDAŃSK
ZGIERZ OZORKÓW
WARSZAWA
ŁOWICZ
ALEKSANDRÓW ŁÓDZKI
TUREK UNIEJÓW
NOWOSOLNA
BRZEZINY RAWA MAZ.
KONSTANTYNÓW ŁÓDZKI
TOMASZÓW MAZ.
WROCŁAW
PABIANICE
KATOWICE LUBLIN
Łódź
Liściasta
Teresy
Warszawska
Inflancka
Pojezierska
Limanowskiego
Żytomierska
Zgierska
Zachodnia
Wojska Polskiego
Sporna
Drewnowska
Ogrodowa
Północna
Rewolucji 1905 r.
Jaracza
Legionów
Zielona
Narutowicza
Tuwima
Al. Piłsudskiego
Kopcińskiego
Pomorska
Telefoniczna
Radwańska
Milionowa
Przybyszewskiego
Dąbrowskiego
Śląska
Paderewskiego
Rzgowska
Kilińskiego
Piotrkowska
Wólczańska
Al. Politechniki
Gdańska
Żeromskiego
Sienkiewicza
Pabianicka
Obywatelska
Al. Włókniarzy
1 2 3 4 5 6 7 8 9 10 11 12 13 14 15 16 17 18 19 20 21 22 23 24 25 26 27 28 29 30 31 32 33 34 35 36 37 38 39 40 41 42 43 44 45 46 47 48 49 50 51 52 53 54 55 56 57 58 59 60 61 62 63 64 65

tion und Katholische Frauengruppe „Caritas". Die zwei letzten halfen den Ärmsten, Kranken und Alten, führten die Küche für die Arbeitslosen und ihre Familien, sammelten die Geldopfer für die Armen und Bedürftigen, gaben die Kleidung den Kindern aus kinderreichen Familien und zogen sie zu der ersten Kommunion an. Zu Weihnachten veranstaltete man Weihnachtsfeste mit Essen für etwa zwei- bis dreihundert Bedürftige.

Pfarrer Heymann erfreute sich unter den Volks- und Glaubensbrüdern einer großen Sympathie, aber nach halbjähriger Tätigkeit war er aus persönlichen Gründen dazu gezwungen, die Stadt zu verlassen. Nach seinem Weggang, bis zum Jahre 1939, haben die Pfarrer sechs Mal gewechselt. Das waren: Nowowiejski, Schönberger, Weiß, Dr. Potempa, Joachimowski und Gradolewski. Sie kamen vor allem aus den ehemaligen deutschen Gebieten und besaßen eine gute deutsche theologische Ausbildung. Der letzte von ihnen, Pfarrer Roman Gradolewski, ist nach Lodz aus Posen gekommen. Bei der seelsorgerischen Arbeit halfen ihm Pfarrer Robert Rompa und Jan Ostrowski, die in der Pfarrei wohnten.

Nach dem Willen der Besatzungsmacht, wurde die Hl.-Kreuz-Kirche den Deutschen zugeteilt. Roman Gradolewski war auch während des zweiten Weltkrieges tätig. Nach der Verhaftung des Pfarrers der Hl. Kreuz-Pfarrei, des Seelsorgers der polnischen Katholiken, des Prälaten Jan Bączek, hat Pfarrer Gradolewski seine Aufgaben der Pfarreiverwaltung sowie die seelsorgerischen Aufgaben in der Kirche übernommen.

Zu den deutschen Spuren in der Hl.- Kreuz-Kirche gehören u.a. die Stiftungen des Großindustriellen Karl Scheibler: Hochaltar, Seitenaltar, Kanzel, Orgel und Glocken. Den Bau des Turmes und der Turmuhr hat Baron Julius Heinzel finanziert.

Das Gebetshaus der Baptisten – ul. Nawrot 36 **31**

Das nächste Gebäude auf unserem Weg ist das Gebetshaus, das die Baptisten an der ul. Nawrot gegründet haben.

Die Emigrationswelle der Baptisten aus England kam in Polen erst im Jahre 1858 an. In Lodz ist sie zehn Jahre später erschienen. Die ersten Anhänger, des bisher in Lodz unbekannten Bekenntnisses, sollen der Buchhalter der Fabrik Grohman- Johann Rohner und der Weber Heinrich Pufahl gewesen sein. Im Jahre 1867 haben sie mit den durch Lodz reisenden Babtisten Bekanntschaft geschlossen, von denen sie erfahren haben, daß sich in der Kolonie Kicin, dreißig Kilometer von Lodz entfernt, eine organisierte Babtistengemeinde befände. Der Lodzer Buchhalter beschloß, sich persönlich dorthin zu begeben, um die Baptistenlehre näher kennenzulernen. Der Aufenthalt in Kicin hatte einen so großen Einfluß auf das Leben von Johann Rohner, daß er nach seiner Rückkehr nach Lodz viele Vorträge in seiner Wohnung in der ul. Widzewska zu halten begonnen hatte. Im Jahre 1868 ist von Kicin der erste Baptistenprediger G. F. Alf nach Lodz gekommen und am 25. September desselben Jahres wurden fünf Personen getauft. Weil sich die Wohnung von Johann Rohner als zu klein erwies und nicht so viele Zuhörer fassen konnte, hatte man in der ul. Nawrot ein Versammlungslokal eingerichtet. Die Zahl der Baptisten ist auf 60 Personen gestiegen, aber erst im Jahre 1870 wurde die Gemeinde gesetzlich anerkannt.

Am Anfang mußte die Lodzer Bapistengemeinde mit vielen inneren Problemen kämpfen. Sie spaltete sich in zwei Teile, wobei die Unzufriedenen ihre eigene Versammlung in der ul. Główna eröffneten. Diese Spaltung hat nicht lange gedauert, aber sie führte dazu, daß Rohmer auf die Funktion des Predigers verzichtet hat und wieder als Buchhalter zu arbeiten begann.

32 Die Kirche der Baptisten – ul. Nawrot 27

Die Gläubigen traten in ihrer inneren Not zahlreich der neu entstandenen Gemeinschaft bei. Das alte Versammlungslokal in der ul. Nawrot 36 erwies sich als zu klein. Deshalb fühlten sich die Baptisten 1875 dazu gezwungen, ein neues Grundstück mit einem Haus in der ul. Nawrot 27 zu kaufen und dort einen neuen Versammlungssaal einzurichten. In diesem Jahr wurde ein neuer Prediger gewählt – Julius Bogel aus Zdunska Wola. Zwei Jahre später hat seine Pflichten Pastor Karl Ondra übernommen. Gerade seine Wirksamkeit verursachte, daß die Baptistenzahl bis auf 400 wuchs. Im Jahre 1878 haben sich die Lodzer Baptisten von der Gemeinde in Kicin losgesagt und bildeten eine selbständige Gemeinde. Weil sich das neue Lokal wieder als zu klein erwies, entschieden sie sich, eine Kirche zu bauen. Das notwendige Geld sammelte man nicht nur unter Lodzer Baptisten sondern auch in Gemeinden in Deutschland und Rußland. Der Kirchenbau wurde von dem Baumeister Robert Nestler geführt. Seit dem 25. Juni 1882 stand der Tempel den Baptisten an der ul. Nawrot 27 zur Verfügung. Aufgrund des raschen Anwachsens der Pfarrei, mußte man 1897 die Kirche umbauen. Nach dem Umbau, der von den Meistern J. Wolf und A. Brüner durchgeführt wurde, konnte der Gottestempel nicht nur 700 sondern sogar 1500 Gläubige fassen.

Nach dem unerwarteten Tod des geliebten Pastors Ondra, wurde zur Arbeit in der Gemeinde Pastor August Liebig aus Odessa gerufen und ein Jahr später ist in Lodz aus Hamburg direkt von der Predigerschule A. Gutsche angekommen.

Am Anfang der neunziger Jahre des 19. Jahrhunderts gab es an die 500 Baptisten in Lodz.. Leider war in dieser Zeit A. Liebig gezwungen, die Stadt zu verlassen.

Im Jahre 1892 haben die Baptisten ein Haus mit zwei Predigerwohnungen und zwei Vereinssälen gebaut, die dem Jungfrauen- und dem Jünglingsverein dienten.

Die Arbeit in der Gemeinde war für einen Prediger nicht zu schaffen. Deshalb wurde als Helfer J. Eichhorst engagiert, der schon vier Jahre in Lodz tätig war. Die nächsten Pastoren waren: F. Brauer und Gutsche, die diese Funktion neun Jahre verrichtet haben.

Im Jahre 1892, hat Herr Pische den Baptisten ein Gebäude im Wert von 7000 Rubel hinterlassen. Es wurde dann zum Altersheim umgewandelt.

Im Jahre 1872 wurde die Sonntagsschule gegründet. Der Gründer war G. Sperling, der ein Jahr lang auch die Funktion des Lehrers ausgeübt hatte. Für diejenigen, die der Sonntagsschule schon entwachsen waren, gründete man eine Bibelklasse, die von F. Lohler geleitet wurde. Die Jugendlichen haben sich aktiv an dem Gemeindeleben beteiligt. Am Anfang unseres Jahrhunderts zählten der Jungfrauen- und der Jünglingsverein etwa 200 Mitglieder. Im Jahre 1872 wurde der erste Gesangsverein gegründet.

Nachdem Pastor Gutsche die Gemeinde verlassen hatte, ist aus Warschau der Prediger Julius Lübeck gekommen. Ein Jahr später ging F. Brauer nach Südrußland, und Lübeck mußte selbst die Baptistengemeinde leiten. Durch seine Initiative ist ein Diakonissen- und Waisenheim entstanden. Weil die Miete sehr kostspielig war, hat man beschlossen, ein Waisenhaus zu bauen, das im Jahre 1912 fertiggestellt wurde.

Im Jahre 1908 haben die Baptisten von den zaristischen Behörden die Genehmigung zum Abhalten der Bibelkurse bekommen. Sie dauerten drei

Jahre und waren von 30 Männern besucht. Die Lehrer waren: E. Mohr und M. Schmidt. Im Jahre 1911 wurden die Kurse von den Behörden verboten.

Im Oktober 1911 waren die Baptisten gezwungen, sich von dem Pastor Lübeck zu verabschieden, weil er nach Odessa gegangen ist. An seine Stelle kam E. Mohr, der bisher die Gemeinde in der ul.Nawrot 27 geleitet hat.

In der Gemeinde wurden auch viele Vereine gegründet: Mädchen- und Knabenverein für größere Sonntagsschüler und ein Frauen- und Samariterverein, die den Kranken und Armen Hilfe leisten sollten.

33 Die Kirche der Baptisten – ul. Rzgowska 41

Mit Rücksicht auf die in Chojny wohnenden Baptisten beschloß man, ein Grundstück an der ul. Rzgowska zu kaufen, auf dem 1908 der Bau eines Gotteshauses begonnen wurde (heute katholische Kirche der Franziskaner). Es wurde 1910 eingeweiht.

Zum Prediger wurde P. Brandt gewählt. Die Baptistengemeinde besaß auch eine Sonntagsschule, die von über 200 Kindern besucht wurde, eine Bibelklasse, Jugendvereine, einen Gesangchor und ein Musikkorps

34 Die Kirche der Baptisten – ul. Limanowskiego 60

Die dritte Baptistenkirche, die im Stadtgebiet entstanden ist, war das Gotteshaus an der ul. Aleksandrowska 60 (heute polnisch-katholische Hl. Familie-Kirche, ul. Limanowskiego 60). Die Grundstücke für deren Bau wurden bereits 1911 gekauft, aber die Bauarbeiten wurden erst 1920 begonnen. Nach fünf Jahren konnte die Kirche mit 450 Sitzplätzen ihrer Bestimmung übergeben werden. Die Einweihung fand am 22. November 1925 statt.

Przemysłowcy inwestują w szkoły

Die Industriellen investieren in das Schulwesen

Przemysłowcy inwestują w szkoły

Czyli szlakiem niemieckich szkół w Łodzi

Kościuszki • Kopernika

*P*isząc o Łodzi, jej rozwoju i ludziach nie sposób pominąć szkolnictwa. Polskie, polsko-niemieckie czy wreszcie niemieckie placówki oświatowe stanowiły nieodłączną część kulturalnego krajobrazu miasta. Historia niemieckich szkół w Łodzi jest tak różnorodna, jak losy łódzkich Niemców, którzy do nich uczęszczali. Pierwsza ewangelicka szkoła elementarna została założona pod koniec 1826 roku. Z myślą o dzieciach wyznania katolickiego w dawnej osadzie fabrycznej Łódka utworzono również mieszaną katolicko-ewangelicką szkołę elementarną.

W końcu lat 20. Łódź miała zatem dwie niemieckie szkoły elementarne. W mieście powstawały również nieoficjalne ośrodki, powszechnie określane jako szkoły pokątne (Winkelschulen). Po złagodzeniu surowych rosyjskich przepisów szkolnych zakładano prywatne szkoły niemieckie. W latach osiemdziesiątych XIX wieku przy większych zakładach przemysłowych tworzono także tzw. szkoły fabryczne, do których uczęszczały dzieci robotników. W niepodległej Polsce liczba niemieckich szkół stale się zmniejszała; w 1923 roku działało już tylko 20 placówek i ich liczba wciąż malała. Tylko nieliczne budynki przetrwały do naszych czasów.

Proponujemy obejrzeć:

35. Niemieckie Gimnazjum Męskie (al. Kościuszki 65)   95
36. Niemieckie Gimnazjum Żeńskie (al. Kościuszki 65)   97
37. Gimnazjum Angeliki Rothert (al. Kościuszki 71)   98
38. Niemiecka Prywatna Szkoła Podstawowa Joanny Benndorf
      (ul. Kopernika 62)   99

Niemieckie Gimnazjum Męskie – al. Kościuszki 65   35

*N*aszą trasę rozpoczynamy od zwiedzenia budynku przy dawnej ulicy Spacerowej 65 (dzisiejszej al. Kościuszki). Jest to duży, trzypiętrowy budynek. Jego historia nierozerwalnie łączy się z Niemieckim Gimnazjum Męskim („das Lodzer Deutsche Knabengymnasium"). W 1906 roku powstało Niemieckie Gimnazjum Realne, które miało swoją siedzibę w wynajętym budynku. Niemieccy fabrykanci postanowili wybudować szkołę z prawdziwego zdarzenia, w której mogliby się uczyć młodzi niemieckojęzyczni łodzianie. W stosunkowo krótkim czasie zebrano sumę 800.000 rubli, dzięki czemu Niemieckie Gimnazjum rozpoczęło zajęcia 15 września 1910 roku. Projekt budynku, którego wygląd uległ do dziś jedynie niewielkim zmianom, wykonał berliński architekt Karol Herrning. W 1911 roku w gimnazjum uczyło się 311 Niemców, 64 Żydów, 2 Francuzów, 2 Czechów i 1 Polak. Do 1914 roku rozwój szkoły przebiegał pomyślnie. Po wybuchu I wojny światowej w budynku znajdował się przez kilka miesięcy niemiecki szpital wojskowy. Od roku 1918 do1939 niemieckie gimnazjum przeżywało swoje najlepsze lata (w 1927 roku miało 1068 uczniów i uczennic). LDG jako szkoła elitarna oferowała uczniom rozmaite kółka zainteresowań, np. kółko teatralne wystawiało klasyczne niemieckie dramaty, przede wszystkim „Zbójców" Schillera. Przy gimnazjum działała też grupa wędrowna, której celem było poznanie okolic Łodzi. Co roku organizowano wieczorki taneczne dla starszych uczniów, na które zapraszano także polskich przyjaciół. W LDG istniała również tzw. „tajna poczta". Chłopcy i dziewczęta wysyłali za jej pośrednictwem listy miłosne, które roznosili młodsi chłopcy. Była to szkoła prywatna, a wysokość czesnego uczyniła z niej placówkę elitarną, dostępną jedynie dla nielicznych. Z myślą o mniej zamożnych uczniach utworzono tzw. „samopomoc", która wspierała ich finansowo.

Wydarzenia połowy lat trzydziestych przyćmiły świetlany obraz gimnazjum. Nasilające się napięcia w stosunkach polsko-niemieckich nie ominęły niestety także i tej szkoły. Część nauczycieli postawiona została przed sądem i otrzymała okresowy zakaz pracy. 9 kwietnia 1933 roku w Niedzielę Palmową, rozeźlony tłum łodzian powybijał w szkole szyby, podobnie jak w innych budynkach niemieckich. Coraz bardziej napięte stosunki pomiędzy ludnością niemiecką i polską spowodowały, że na stanowisko dyrektora gimnazjum zaczęto powoływać wyłącznie Polaków. To dzięki rozsądkowi dyrektorów udało się przywrócić poprawną atmosferę między polską Łodzią a niemieckim gimnazjum.

W roku 1939 gimnazjum przejęły okupacyjne władze niemieckie. Zarząd został rozwiązany, a szkoła od tego czasu nosiła imię nikomu nie znanego generała von Briesena. Z Rzeszy przybył nowy dyrektor, większość nauczycieli została zwolniona (również łódzcy Niemcy), budynek został przejęty przez Wehrmacht.

Dzisiaj przy ulicy Kościuszki 65 znajduje się Dziekanat Wydziału Filologicznego i Katedry Filologii Angielskiej, Rosyjskiej i Polskiej Uniwersytetu Łódzkiego. Zamknięcie gimnazjum w 1943 roku nie przerwało jednak silnej, wzajemnej więzi jego wychowanków, o czym świadczy zjazd absolwentów LDG w bawarskim kurorcie Weinheim zorganizowany w roku 1956 dla uczczenia 50. rocznicy utworzenia gimnazjum. Nie był to jednak jedyny zjazd wychowanków LDG. Podobne uroczystości odbywały się również w Hanowerze i Monachium. W kwietniu 2000 r. odbył się w Heidelbergu nad Neckarem ostatni zjazd zorganizowany przez Stowarzyszenie Byłych Wychowanków Łódzkiego Niemieckiego Gimnazjum. Mimo upływu lat liczba uczestników spotkań nie zmniejszyła się, lecz wzrosła o dawnych wychowanków mieszkających obecnie na terenach byłej NRD.

Niemieckie Gimnazjum Żeńskie – al. Kościuszki 65 — 36

W 1916 roku powołano do życia Niemieckie Stowarzyszenie Licealne, którego inicjatorem była niemiecka społeczność Łodzi. Stowarzyszenie miało na celu utworzenie Gimnazjum Żeńskiego. Szkoła powstała 28 kwietnia 1916 roku. Ponieważ nie posiadała własnej siedziby, zajęła tymczasowo za zgodą Niemieckiego Stowarzyszenia Gimnazjum Realnego pierwsze piętro budynku Niemieckiego Gimnazjum. 4 września 1916 roku przeniesiono ją do budynku dawnego rosyjskiego Gimnazjum Męskiego im. Romanowych przy ulicy Mikołajewskiej (obecnie Sienkiewicza 44).

O konieczności otwarcia takiej szkoły w Łodzi świadczy fakt, że z rozpoczęciem roku szkolnego 1916/17 szkoła liczyła już 306 uczennic, a w ciągu kolejnych dwóch lat ich liczba ciągle się zwiększała, by na przełomie 1919/20 roku osiągnąć stan 396. Po I wojnie światowej szkoła musiała opuścić swoją dotychczasową siedzibę i została na powrót przeniesiona do budynku Niemieckiego Gimnazjum oraz przemianowana na Gimnazjum Humanistyczne.

Umieszczenie obu szkół w tym samym budynku miało wiele zalet, z których najistotniejszą był fakt, iż zarządzanie nimi było tanie. Kolejny rok szkolny 1921/22 przyniósł ze sobą wzrost liczby uczennic do 370. Ponieważ wzrosła liczba uczennic szóstej klasy, a rocznik siódmej i ósmej klasy dotychczas był prowadzony wspólnie z chłopcami, było konieczne utworzenie tych klas także przy Gimnazjum Żeńskim.

Z początkiem roku szkolnego 1923/24 utworzono siódmą klasę, a we wrześniu roku 1924 klasę ósmą. W roku szkolnym 1937/38 utworzono przy Gimnazjum Żeńskim liceum koedukacyjne z oddziałem humanistycznym, do którego mogły uczęszczać zarówno absolwentki Gimnazjum Żeńskiego, jak i absolwenci Gimnazjum Męskiego. Na początku roku szkolnego 1938/39 postanowiono połączyć znajdujące się przy Gimnazjum Żeńskim Liceum Humanistyczne ze składającym się z dwóch oddziałów Liceum Matematyczno-Fizycznym, które podlegało dotychczas dyrektorowi Gimnazjum Męskiego.

37 Gimnazjum Angeliki Rothert – al. Kościuszki 71

Przy ulicy Spacerowej (obecnie Kościuszki 71) znajduje się budynek dawnego Gimnazjum Ageliki Rothert. Szkoła, której założycielką była Emilia Remus, powstała w roku 1878 i aż do roku 1896 znajdowała się przy ulicy Piotrkowskiej 118.

W niepodległej Polsce szkoła przekształcona została w Gimnazjum Realne i otrzymała pełne prawa państwowej szkoły średniej. Jesienią 1922 roku została utworzona ósma klasa. By sprostać wymaganiom rozwijającej się szkoły średniej, dobudowano w 1925 roku nowe skrzydło, w którym znalazły miejsce: trzy pomieszczenia klasowe, sala gimnastyczna, aula i herbaciarnia. Ogólna liczba uczniów wzrosła w tym czasie. Powołano także Towarzystwo Wspierania Gimnazjum Angeliki Rothert. Liczba uczennic, zależna w dużej mierze od rozwoju gospodarczego miasta, ciągle się wahała, w czterech klasach powszechnych i ośmiu gimnazjalnych uczyło się wtedy około 240 uczennic. Do szkoły uczęszczały Niemki, Żydówki i Polki, a uczucie wzajemnej nienawiści było dla nich obce (o co starało się grono nauczycielskie). Zachwianie tej równowagi nastąpiło dopiero w roku 1933, wtedy to zaczęły się podejrzenia, represje i szykanowania, nastąpił rozłam między Polakami i Niemcami, do tego doszedł jeszcze antysemityzm pobudzony przez hitlerowską propagandę. Jednak, co należy podkreślić, do tego okresu szkoła nie miała żadnych problemów związanych z wielonarodowością i wielowyznaniowością swych wychowanków. Lekcje religii na przykład prowadzili dwa razy w tygodniu o tej samej porze pastor ewangelicki, rabin i katolicki ksiądz. Tak jak religii uczono również języków bez preferowania któregoś z nich. Tydzień szkolny podzielony był na trzy części, każda po dwa dni, kiedy to uczono i mówiono (również na przerwach) wyłącznie w języku dyżurnym: niemieckim, polskim czy angielskim.

Gimnazjum nie było uważane za niemieckie, mówiło się o nim jako o szkole elitarnej, gdzie uczyło się wiele dzieci niemieckiego pochodzenia, gdyż ich rodzice doceniali zarówno wartości przekazywane w szkole jak i poziom nauczania, głównie języków obcych, Faktem jednak jest, iż czesne było wysokie, wynosiło bowiem 30 zł, co było równowartością 30 kg cukru. Szkoła nie była jedynie instytucją kształcącą ale i, a może przede wszystkim, ośrodkiem wychowawczym. Przyświecały jej dwa hasła: tolerancja i wiążący się z nią szacunek dla siebie i drugiego człowieka. Nie można również pominąć ogromnego zaangażowania nauczycieli, którzy surowi na lekcjach okazywali się wspaniałymi towarzyszami na wycieczkach, zielonych szkołach, koloniach czy też licznie organizowanych przez uczniów zabawach szkolnych. Gimnazjum zostało zamknięte w rok po wybuchu II wojny światowej, 31 marca 1940 roku. Dziś w jego budynku znajduje się Wojewódzki Ośrodek Egzaminacyjny dla kierowców.

Niemiecka Prywatna Szkoła Podstawowa Joanny Benndorf – ul. Kopernika 62 — 38

*P*rzy ulicy Milscha (obecnie Kopernika 62) mieściła się od roku 1932 Niemiecka Prywatna Szkoła Podstawowa Joanny Benndorf. W roku 1932 pani Benndorf otrzymała pozwolenie na utworzenie szkoły. Jeszcze w tym samym roku powstała siedmioklasowa niemiecka szkoła, która pełny stan siedmiu klas osiągnęła dopiero w roku szkolnym 1938/39. Początki były bardzo skromne, o czym świadczy fakt, iż w drugim roku istnienia szkoły (1933/34) uczyło się w niej około 30 uczniów. Szkoła mogła liczyć na dalszy rozwój z powodu trudności, z jakimi wiązało się umieszczenie niemieckich dzieci w niemieckich szkołach publicznych, co powodowało, że rodzice kierowali swoje pociechy do szkół prywatnych, do których zaliczała się również ta szkoła. W roku 1936/37 liczba uczniów wynosiła już 176. W roku 1938/39 w siedmiu klasach uczyło się 175 dzieci.

Dziś przy ulicy Kopernika 62 znajduje się Łódzka Wytwórnia Papierosów.

Rafał Kosior, Dagmara Ławniczak, Aleksandra Poprawska

Die Industriellen investieren in das Schulwesen

D. h. auf den Spuren deutscher Schulen in Lodz

Kościuszki • Kopernika

Schreibt man über Lodz, seine Entwicklung und seine Menschen, kann man nicht umhin, auch das Schulwesen zu erwähnen. Die polnischen, die polnisch-deutschen, und schließlich die deutschen Bildungsstätten, waren ein untrennbarer Bestandteil der kulturellen Landschaft der Stadt. Die Geschichte des deutschen Schulwesens in Lodz ist so vielfältig wie die Schicksalswege der Lodzer Deutschen, die deutsche Schulen besuchten. Die erste protestantische Elementarschule wurde Ende 1826 gegründet. Man dachte auch an die katholischen Kinder und gründete in der ehemaligen Fabriksiedlung Łódka eine gemischte protestantisch-katholische Elementarschule.

Ende der zwanziger Jahre hatte Lodz also zwei deutsche Elementarschulen. In der Stadt entstanden aber auch nichtoffizielle Einrichtungen, die man allgemein als Winkelschulen bezeichnete. Nach der Milderung der harten russischen Vorschriften wurden private deutsche Schulen gegründet. In den neunziger Jahren des 19. Jh. wurden an den größeren Industriebetrieben auch Fabrikschulen eingerichtet, die von den Arbeiterkindern besucht worden sind. Im unabhängigen Polen gab es immer weniger deutsche Schulen; 1923 waren nur noch 20 Einrichtungen in Betrieb, und deren Zahl verkleinerte sich weiter. Nur einige Schulgebäude sind bis heute erhalten geblieben.

Wir schlagen zur Besichtigung vor:

35. Das Deutsche Knabengymnasium (al. Kościuszki 65)   101
36. Das Deutsche Mädchengymnasium (al. Kościuszki 65)   102
37. Das Gymnasium der Angelika Rothert (al. Kościuszki 71)   103
38. Die Deutsche Private Grundschule der Johanna Benndorf
      (ul. Kopernika 62)   105

Das Deutsche Knabengymnasium – al. Kościuszki 65 — 35

*U*nseren Rundgang beginnen wir mit der Besichtigung des Gebäudes an der ehemaligen ul. Spazerowa (heute al. Kościuszki). Dies ist ein großes dreistöckiges Haus. Seine Geschichte ist unzertrennlich mit dem Lodzer Deutschen Knabengymnasium verbunden. 1906 entstand das Deutsche Realgymnasium, das seinen Sitz in einem gemieteten Gebäude hatte. Die deutschen Fabrikanten hatten beschlossen, eine „echte" Schule zu gründen, in der die jungen Lodzer deutscher Abstammung lernen konnten. In verhältnismäßig kurzer Zeit hatte man die Summe von 800 000 Rubeln gesammelt, und deswegen konnte das Deutsche Gymnasium am 15. September 1910 den Lehrbetrieb aufnehmen. Der architektonische Entwurf des Gebäudes, dessen Aussehen sich bis heute nur wenig verändert hat, stammt von dem Berliner Architekten Karl Herning. 1911 besuchten das Gymnasium 311 Deutsche, 64 Juden, zwei Franzosen, zwei Tschechen und ein Pole. Bis 1914 entwickelte sich die Schule günstig. Nach Ausbruch des ersten Weltkrieges wurde in dem Schulgebäude einige Monate lang ein deutsches Militärhospital untergebracht. Zwischen 1918 und 1939 erlebte die Schule ihre besten Jahre (1927 hatte sie 1068 Schüler und Schülerinnen). Das LDG hat als eine Eliteschule ihren Schülern verschiedene Interessenskreise angeboten, z. B. führte der Theaterkreis deutsche Bühnenklassiker auf, vor allem Schillers „Räuber". An der Schule gab es auch einen Wanderkreis, dessen Ziel im Erkunden der Gegend um Lodz bestand. Jedes Jahr wurden für die älteren Schüler Tanzabende veranstaltet, zu denen auch polnische Freunde eingeladen wurden. Im LDG gab es auch eine sog. „Geheimpost". Die Jungen und Mädchen verschickten mit ihrer Hilfe Liebesbriefe, und die jüngeren Schüler fungierten als Briefträger.Es war eine Privatschule und die

Höhe des Schulgeldes machte aus ihr eine elitäre Anstalt, die nur wenigen zugägnlich war. Mit Rücksicht auf weniger Vermögende hat man im LDG eine „Selbsthilfe" organisiert, die finazielle Unterstützung gewährte.

Die Ereignisse Mitte der dreißiger Jahre verdunkelten das strahlende Bild des Gymnasiums. Die wachsenden deutsch-polnischen Spannungen haben leider auch diese Schule ergriffen. Ein Teil der Lehrer wurde vor Gericht gestellt und wurde mit einem zeitweiligen Berufsverbot belegt. Am Palmsonntag, dem 9. April 1933 hat eine aufgebrachte Menge Lodzer Bürger die Scheiben der Schule eingeschlagen, ähnlich wie in einigen anderen deutschen Gebäuden. Die wachsenden Spannungen zwischen der deutschen und der polnischen Bevölkerung führten dazu, daß als Schulleiter nur noch Polen berufen wurden. Dank der Besonnenheit der Schulleiter gelang es, ein korrektes Verhältnis zwischen dem polnischen Lodz und dem deutschen Gymnasium wiederherzustellen.

1939 wurde die Schule von den deutschen Besatzungsmächten übernommen. Die Schulverwaltung wurde aufgelöst, und die Schule bekam den Namen eines bis dahin unbekannten Generals von Briesen. Aus dem Reich kam ein neuer Schulleiter, die Mehrheit der Lehrer (auch Lodzer Deutsche) wurde entlassen, das Gebäude wurde von der Wehrmacht übernommen. Heute befindet sich in der ul. Kosciuszki 65 das Dekanat der Philologischen Abteilung, sowie die Lehrstühle der englischen, russichen und polnischen Philologie der Universität Lodz. Die Schießung des Gymnsiums 1943 hat die enge Bindung der Absolventen nicht unterbrochen, wovon ihr erstes Treffen im Jahre 1956 zeugt.

Das war nicht das einzige Ehemaligentreffen des LDG. Ähnliche Veranstaltungen gab es in Hanover und München. Im April 2000 fand in Heidelberg am Neckar das letzte Treffen der Vereinigung der Ehemaligen Zöglinge des Lodzer Deutschen Gymnasiums statt. Obwohl viele Jahre vergangen sind, hat sich die Zahl der Teilnehmer an den Treffen nicht verringert, sondern ist um die Zahl der ehemaligen Zöglinge aus dem Gebiet der ehemaligen DDR gewachsen.

36 Das Deutsche Mädchengymnasium – al. Kościuszki 65

*1*916 wurde Der Deutsche Lyzeumsverein ins Leben gerufen, dessen Initiator die deutsche Bevölkerung der Stadt Lodz war. Der Verein hatte zum

Ziel die Gründung eines Mädchengymnasiums. Die Schule wurde am 28. April 1916 gegründet. Da sie über kein eigenes Gebäude verfügte, besetzte sie mit Zustimmung des Deutschen Vereins des Realgymnasiums den ersten Stock des LDG. Am 4. September 1916 wurde sie dann in das Gebäude des ehemaligen russischen Romanov-Knabengymnasium an der ul. Mikołajewska (heute ul. Sienkiewicza) verlegt.

Von der Notwendigkeit der Gründung einer derartigen Schule in Lodz zeugt die Tatsache, daß am Anfang des Schuljahres 1916/1917 die Schule bereits 306 Schülerinnen hatte, daß sich in den folgenden Jahren deren Zahl ständig erhöhte, um am Jahresübergang 1919/1920 auf 396 zu steigen. Nach dem ersten Weltkrieg mußte die Schule ihren bisherigen Sitz verlassen und wurde erneut in das Gebäude des LDG verlegt. Gleichzeitig wurde die Schule in Humanistisches Gymnasium umbenannt.

Die Unterbringung beider Schulen im gleichen Gebäude hatte viele Vorteile, von denen die Tatsache, daß dies die Verwaltung vereinfachte, der wichtigste war. Das folgende Schuljahr brachte ein Anwachsen der Schülerinnenzahl auf 370. Weil die Zahl der Schülerinnen in der sechsten Klasse wuchs, und die siebte und achte Klasse bisher gemeinsam mit den Jungen geführt worden ist, ergab sich die Notwendigkeit, diese Klassen auch am Mädchengymnasium zu gründen.

Zu Beginn des Schuljahres 1923/1924 wurde die siebte und im September 1924 die achte Klasse eröffnet. Im Schuljahr 1937/1938 eröffnete man beim Mädchengymnasium ein Koedukationsgymnasium mit einem humanistischen Zug, den sowohl die Absolventen des LDG als auch des Mädchengymnasiums besuchen konnten. Zu Beginn des Schuljahres 1938/39 beschloß man, das Humanistische Gymnasium mit dem mathematisch-naturwissenschaftlichen Gymnasium, das aus zwei Zügen bestand, zu vereinen.

Das Gymnasium der Angelika Rothert – al. Kościuszki 71 — 37

An der ul. Spacerowa (heute ul. Kosciuszki) befindet sich das Gebäude des ehemaligen Gymnasiums der Angelika Rothert. Die Schule, deren

Gründerin Emilia Remus war, entstand 1878 und bis 1896 befand sie sich an der ul. Piotrkowska 118.

Im unabhängigen Polen wurde die Schule in ein Realgymnasium umgewandelt und erhielt alle Rechte einer staatlichen höheren Schule. Im Herbst 1922 wurde die achte Klasse eröffnet. Um den Anforderungen an eine höhere Schule zu genügen, wurde 1925 ein neuer Flügel an das Schulgebäude angebaut, in dem Platz fanden: drei Klassenzimmer, ein Gymnastiksaal, eine Aula und eine Teestube. In dieser Zeit wuchs die Schülerzahl. Es wurde auch ein Förderverein des Gymnasiums der Angelika Rothert gegründet. Die Zahl der Schülerinnen, die in hohem Masse von der wirtschaftlichen Entwicklung der Stadt abhängig war, schwankte ständig. In den vier Grundschul- und den acht Gymnasialklassen lernten damals um die 240 Schülerinnen. Die Schule besuchten Deutsche, Polinnen und Jüdinnen. Das Gefühl der gegenseitigen Mißachtung war ihnen fremd (worum sich auch der Lehrkörper bemühte). Dieses Gleichgewicht wurde erst 1933 gestört. Damals begannen Verdächtigungen, Unterdrückungen und Schikanen, es kam zu einem Bruch zwischen Deutschen und Polinnen, und dazu noch der Antisemitismus, der von der Hitlerpropaganda angestachelt wurde. Aber man muß betonen, daß bis zu dieser Zeit die Schule keine Probleme mit den unterschiedlichen Nationalitäten und Bekenntnissen ihrer Schüler hatte. Den Religionsunterricht haben z. B. zwei Mal in der Woche gleichzeitig ein evangelischer Pastor, ein Rabiner und ein katholischer Priester gehalten. So wie die Religion wurden auch die Sprachen unterrichtet, ohne eine bestimmte zu bevorzugen. Die Schulwoche war in drei Teile gegliedert, jeder zu zwei Tagen, an denen jeweils in einer der Sprachen unterrichtet und auch gesprochen wurde – auch in den Pausen – ausschließlich in Deutsch, Polnisch oder Englisch.

Das Gymnasium wurde nicht als ein deutsches betrachtet, man sprach von ihm als von einer Eliteschule, an der viele deutsche Kinder lernten, denn deren Eltern schätzten die Wertmaßstäbe wie auch das Niveau, in dem vor allem die Fremdsprachen unterrichtet wurden. Tatsache ist, daß das Schulgeld hoch war, es betrug nämlich 30 Zloty, was damals 30 kg Zucker entsprach. Die Schule war aber nicht nur eine Lern- sondern auch – und vielleicht vor allem – eine Erziehungsinstitution. Der Geist der Schule wurde von zwei Losungen geleitet: Toleranz und die damit verbundene Wertschätzung des Selbst und anderer Menschen.

Man muß auch das große Engagement der Lehrer erwähnen. Streng beim Unterricht erwiesen sie sich als herrliche Kumpel bei Ausflügen, Schullandheimen, Ferienkolonien wie auch bei den zahlreichen Schulfesten, die von den Schülern organisiert wurden. Das Gymnasium wurde im Jahr nach Ausbruch des zweiten Weltkrieges am 31. März 1940 geschlossen. Heute befindet sich in dem Gebäude die Führerscheinprüfungsstelle der Wojewodschaft.

Die Deutsche Private Grundschule der Joanna Benndorf – ul. Kopernika 62 — 38

An der ul. Milscha (heute Kopernika 62) befand sich seit 1932 die Deutsche Private Grundschule der Joanna Benndorf. Frau Benndorf bekam 1932 die Erlaubnis, eine Schule zu eröffnen. Noch im selben Jahr entstand eine siebenklassige deutsche Schule. Alle sieben Klassen gab es erst im Schuljahr 1938/39. Die Anfänge waren sehr bescheiden, wovon die Tatsache zeugt, daß im zweiten Jahr des Bestehens der Schule (1933/34) etwa dreißig Schüler hier lernten. Die Schule konnte aber auf eine günstige Entwicklung hoffen auf Grund der Tatsache, daß es schwierig war, deutsche Kinder in öffentlichen deutschen Schulen zu unterbringen. Das führte dazu, daß die Eltern ihren Nachwuchs in private Schulen schickten, zu denen auch die der Frau Benndorf zählte. Im Schuljahr 1936/37 betrug die Schülerzahl bereits 176. 1938/39 lernten in den sieben Klassen der Schule 175 Kinder. Heute befindet sich an der ul. Kopernika eine Zigarettenfabrik.

Dokąd w wolnym czasie?

Wohin in der Freizeit?

Dokąd w wolnym czasie?

Czyli szlakiem niemieckich teatrów w Łodzi

Piotrkowska • Narutowicza

Kiedy niemieccy osadnicy podjęli decyzję o przybyciu do Łodzi, liczyli się z tym, że pozostaną w tym mieście na dłużej i stanie się ono ich nową ojczyzną. Przez długie lata pracowali, by zapewnić sobie godne życie, zdobyć majątek i pozycję społeczną. Gdy osiągnęli już swe cele, przyszedł czas, by pomyśleć o kulturze i rozrywce. Potrzeby te mogła zaspokoić taka instytucja jak teatr, dlatego też w stosunkowo krótkim czasie podjęto decyzję o jego utworzeniu.

Idąc kolejnym szlakiem odwiedzimy:

39. Teatr „Paradies" (ul. Piotrkowska 175a – budynek nie istnieje) 109
40. Teatr „Thalia" (ul. Narutowicza 20) 110

Teatr „Paradies" – ul. Piotrkowska 175a — 39

*P*ierwszy stały teatr niemiecki – „Paradies" – powstał w roku 1867 przy ul. Piotrkowskiej 175a, jego założycielami byli Edward Reinelt i August Hentschel.

Edward Reinelt był wielkim miłośnikiem teatru już długo przed powstaniem w Łodzi pierwszego teatru niemieckiego. To on organizował przedstawienia wystawiane w zwyczajnej, nieteatralnej sali, rozpisywał role, sam uczył się ich na pamięć. Popularność sztuk wystawianych przez Reinelta zrodziła potrzebę utworzenia „prawdziwego" niemieckiego teatru. Również i August Hentschel – gospodarz domu zabaw zwanego „Paradies" – myślał od dawna o utworzeniu niemieckiego teatru. Obydwaj panowie postanowili współpracować i tak Hentschel przemienił swój „Paradies" w salę teatralną. Dyrekcję teatru przekazał później kierownikowi Łódzkiego Teatru Amatorskiego L. Zonerowi, który kierował nim do 13 stycznia 1869 roku.

Powstanie teatru przyjęto z entuzjazmem, co potwierdzają życzliwe słowa, jakimi „Lodzer Zeitung" powitała przedsiębiorców i artystów:

„Niech panom przedsiębiorcom, którzy z wielkim poświęceniem powołali do życia tę instytucję, ich trud i zaangażowanie zostanie wynagrodzone. Niech artyści znajdą tutaj uznanie, którym cieszyli się we wcześniejszej pracy artystycznej. Wielu z nich potwierdzało już

wcześniej swe zdolności i umiejętności na deskach teatru niemieckiego".

Pierwsze przedstawienie odbyło się w niedzielę 19 maja 1867 r. Dwunastoosobowy zespół wystawiał wówczas *Doktora Robina, Das Versprechen hiner dem Herd (Obietnica za piecem)* i *Hohe Gäste (Dostojni goście)*. Grano też utwory Charlotte Birch-Pfeiffer i doktora Bendixa. W sierpniu tego samego roku zmarł w Łodzi światowej sławy aktor Ira Aldridge, który przybył do „Paradiesu" na gościnne występy. Został pochowany na starym cmentarzu ewangelickim przy ulicy Ogrodowej.

Po zamknięciu teatru budynek zlicytowano, a w roku 1913 rozebrano, na jego miejscu stanęła wielopiętrowa kamienica.

40 Teatr „Thalia" – ul. Narutowicza 20

Do dziś istnieje budynek innego niemieckiego teatru – „Thalii" – znajdującego się przy ulicy Dzielnej 18 (obecnie ul. Narutowicza 20). Obecnie mieści się tam kino „Bałtyk". 8 października 1882 odbyło się przedstawienie inauguracyjne pod dyrekcją H. Lagerfelda. Grano wówczas komedię Mosera pt. *Unsere Frauen (Nasze żony)*. Rok 1890 rozpoczął nową erę w dziejach teatru niemieckiego. Przybył wtedy do Łodzi Albert Rosenthal, aby stanąć na czele amatorskiego zespołu. Poprzysiągł, że z teatru „Thalia" uczyni miejsce dobrej sztuki. Pierwsze przedstawienie za jego kadencji odbyło się 8 października, grano *Ewę* Richarda Vossa, w której tytułową rolę zagrała małżonka dyrektora, pani Valentina Rosenthal-Ridel. Coraz bardziej popularną sztukę chcieli obejrzeć wszyscy. Każdy, kto odwiedzał teatr „Thalia", musiał jednak przestrzegać następujących reguł:

1. Przychodź zawsze na czas, nie spóźniaj się!
2. Nie rozpychaj się w szatni!
3. Nie rozmawiaj podczas przedstawienia!
4. Powstrzymaj kaszel i kichanie!
5. Nie płacz, gdy jest wesoło!
6. Nie śmiej się, gdy jest smutno!
7. Nie jedz i nie szeleść papierkami!
8. Jeśli sztuka ci się podoba, nie szczędź oklasków!

9. Jeśli nie, nie psuj innym przyjemności!
10. Wymagaj wiele, ale nie rzeczy niemożliwych!

Po śmierci Rosenthala 17 listopada 1909 kierownictwo teatrem przejął znany już łódzkiej publiczności aktor Adolf Klein, który zarządzał teatrem w bardzo niekorzystnym dla Łodzi okresie, a ponadto nie potrafił zająć się dobrze finansami. Pod koniec 1914 roku ogłosił, że porzuca teatr. Gdy wybuchła wojna, zespół teatru uznał swoje zadanie za zakończone i teatr zamknięto.

Po wybuchu pierwszej wojny światowej niemieckie władze okupacyjne powołały do życia stałą scenę niemiecką, którą otworzył 2 października 1915 roku znany i ceniony w berlińskich kręgach teatralnych aktor Walter Wassermann ze swoją trupą. Po czterech latach działalności trupa, składająca się po części z frontowych żołnierzy, została rozwiązana.

13 stycznia 1940 roku został otwarty pierwszy sezon Teatru Miasta Łodzi, który tworzy w historii niemieckiej sceny w Łodzi krótki, a zarazem końcowy epizod.

Dagmara Ławniczak
Anna Soluch

Wohin in der Freizeit?

D. h. auf den Spuren deutscher Theater in Lodz

Piotrkowska • Narutowicza

Als sich die deutschen Siedler dazu entschlossen haben, nach Lodz zu kommen, rechneten sie damit, daß sie in dieser Stadt eine längere Zeit bleiben werden, und daß die Stadt zu ihrer neuen Heimat wird. Lange Jahre hindurch haben sie gearbeitet, um sich ein Leben in Würde zu sichern, ein Vermögen und eine soziale Stellung zu erringen. Als sie ihre Ziele erreicht hatten, war die Zeit gekommen, an Vergnügen und Kultur zu denken. Diese Bedürfnisse konnte eine solche Institution wie das Theater erfüllen, daher hat man innerhalb kurzer Zeit den Beschluß gefaßt, eines zu gründen.

39. Das Theater „Paradies" (ul. Piotrkowska 175 a
    – das Gebäude gibt es nicht mehr)   112
40. Das Theater „Thalia" (ul. Narutowicza 20)   113

39   Das Theater „Paradies" – ul. Piotrkowska 175a

Das erste ständige deutsche Theater – „Paradies" – entstand 1867 an der ul. Piotrkowska 175a. Die Gründer waren Eduard Reinelt und August Hentschel.

Eduard Reinelt war ein großer Theaterliebhaber schon lange vor der Entstehung des ersten deutschen Theaters in Lodz. Er organisierte die Vorstellungen, die in gewöhnlichen und nicht in Theatersälen stattfanden, er schrieb die Rollen ab, er lernte sie auswendig. Die Popularität der Stücke, die Reinelt inszenierte, erweckte das Bedürfnis, ein „echtes" deutsches Theater zu gründen. Auch August Hentschel – der Wirt des Ballhauses „Paradies" – dachte schon seit langem an die Gründung eines deutschen Theaters. Beide Herren beschlossen zusammenzuarbeiten, und so verwandelte Hentschel sein „Paradies" in einen Theatersaal. Die Direktion des Theaters übertrug er später dem Leiter des „Lodzer Amateurtheaters" L. Zomer, der diesen Posten bis 13. Januar 1869 inne hatte.

Die Entstehung des Theaters wurde begeistert begrüßt, was durch die freundlichen Worte bezeugt wird, mit denen die „Lodzer Zeitung" die Unternehmer und die Künstler begrüßte.

„Es möge den Herren Unternehmern, die mit viel Hingabe diese Institution ins Leben riefen, ihre Mühe und Engagement belohnt werden. Es mögen die Künstler hier die Anerkennung finden, die sie in ihrer früheren künstlerischen Arbeit erhielten. Viele von ihnen haben bereits früher ihre Begabungen und Fähigkeiten auf deutschen Bühnen unter Beweis gestellt."

Die erste Vorstellung fand am Sonntag, den 19. Mai 1867 statt. Die zwölfköpfige Truppe spielte damals „Doktor Robin", „Das Versprechen hinter dem Herd" und „Hohe Gäste". Man spielte auch Werke von Charlotte Birch-Pfeiffer und Doktor Bendix. Im Herbst desselben Jahres starb in Lodz der weltberühmte Schauspieler Ira Aldridge, der im „Paradies" zu Gastvorstellungen weilte. Er wurde auf dem alten evangelischen Friedhof in der ul. Ogrodowa beerdigt.

Nach der Schließung des Theaters wurde das Gebäude versteigert, und 1913 abgerissen. An seiner Stelle baute man ein mehrstöckiges Wohnhaus.

Das Theater „Thalia" – ul. Narutowicza 20   40

*B*is heute gibt es das Gebäude eines weiteren deutschen Theaters – „Thalia" – das sich an der ul. Dzielna befand (heute ul. Narutowicza 20). Gegenwärtig befindet sich in diesem Gebäude das Kino „Baltyk". Am 8. September 1882 fand die Inaugurationsvorstellung unter der Leitung von H. Lagerfeld statt. Man spielte damals eine Komödie von Moser „Unsere Frauen". Im Jahr 1890 begann eine neue Ära in der Geschichte des deutschen Theaters. Damals kam Albert Rosenthal nach Lodz, um die Leitung einer Amateurtruppe zu übernehmen. Er hat geschworen, aus dem Theater „Thalia" eine Stätte guter Kunst zu machen. Die erste Vorstellung unter seiner Leitung fand am 8. Oktober statt. Man führte „Eva" von Richard Voss auf, ein Stück, in dem die Frau des Direktors, Frau Rosenthal-Ridel die

Titelrolle spielte. Das immer beliebtere Stück wollten alle sehen. Jeder aber, der das Theater „Thalia" besuchte, mußte die folgenden Regeln beachten:

1. Komme immer pünktlich, verspäte dich nicht.
2. Drängle nicht in der Garderobe.
3. Unterhalte dich während der Vorstellung nicht.
4. Unterdrücke Husten und Kichern.
5. Weine nicht, wenn es lustig wird.
6. Lache nicht, wenn es traurig wird.
7. Esse nicht und raschle nicht mit Bonbonpapier.
8. Wenn dir das Stück gefällt, spare nicht mit Beifall.
9. Wenn nicht, verderbe den anderen nicht den Spaß.
10. Verlange viel, aber nichts Unmögliches.

Nach Rosenthals Tod am 17. November 1909 übernahm Adolf Klein, ein dem Lodzer Publikum bereits bekannter Schuaspieler, die Leitung des Theaters. Er leitete das Theater in einer für Lodz ungüsntigen Zeit und darüber hinaus hatte er kein finanzielles Geschick. Ende 1914 verkündete er, daß er das Theater aufgibt. Als der Krieg ausbrach, betrachtete die Theatertruppe ihre Aufgabe als erfüllt und man schloß das Theater.

Nach Ausbruch des ersten Weltkrieges rief die deutsche Besatzungsmacht eine ständige deutsche Bühne ins Leben. Sie wurde am 2. Oktober 1915 von dem in Berliner Kreisen bekannten und geschätzten Schuaspieler Walter Wassermann zusammen mit dessen Truppe eröffnet. Nach vierjähriger Tätigkeit wurde die Theatertruppe, die sich teilweise aus Frontsoldaten zusammensetzte, aufgelöst.

Am 13. Januar 1940 wurde die erste Saison des „Theaters der Stadt Lodz" eröffnet. Dies ist in der Geschichte des deutschen Theaters eine kurze und gleichzeitig letzte Episode.

Wypowiedzieć się poprzez gazety

Sich in den Zeitungen ausdrücken

Wypowiedzieć się poprzez gazety

Czyli szlakiem niemieckojęzycznych gazet w Łodzi

Piotrkowska

Proponujemy odwiedzić redakcje dwóch niemieckich gazet:

41.	Gazeta „Lodzer Zeitung" (ul. Piotrkowska 86)	117
42.	Gazeta „Neue Lodzer Zeitung" (ul. Piotrkowska 15)	118

Lodzer Zeitung – ul. Piotrkowska 86 — 41

*R*edakcja pierwszej na naszym szlaku gazety – „Lodzer Zeitung" – mieściła się przy ul. Piotrkowskiej 86. Początkowo gazeta nie odnosiła takich sukcesów, jak w późniejszym okresie działalności. Jej pierwotna nazwa brzmiała „Lodzer Anzeiger – Łódzkie Ogłoszenia", a pierwsza siedziba drukowanej wówczas w drukarni Jana Petersilgego przy ul. Konstantynowskiej 5 gazety mieściła się przy ul. Piotrkowskiej 11. Pierwszy numer polsko-niemieckiego dwujęzycznego pisma, założonego przez Jana Petersilgego, ukazał się w środę 2 grudnia 1863 roku. Była to czterostronicowa gazeta, której abonament roczny wynosił 20 zł polskich, półroczny – 10, a kwartalny 5 zł.

Za wiersz ogłoszenia płaciło się wtedy 10 gr. Gazeta nie należała do poczytnych (posiadała jedynie około 300 abonentów), gdyż zamieszczano w niej wyłącznie rozporządzenia władz (zwłaszcza miejscowych) oraz trochę wiadomości i ogłoszeń handlowych. Jan Petersilge świadomy faktu, że gazeta istnieje właściwie tylko dzięki przymusowi abonowania jej przez właścicieli większych nieruchomości, kawiarni itp., zmienił częściowo jej profil. Zaczęto szerzej omawiać teraz sprawy lokalne, zamieszczać przedruki felietonów technicznych i artykułów politycznych z warszawskich organów urzędowych. Od 1 stycznia 1865 r. gazeta ukazywała się pod nazwą „Lodzer Zeitung". Nakład pisma, wychodzącego odtąd 3 razy w tygodniu, wzrósł do

500 egzemplarzy. Po 15 latach Jan Petersilge otrzymał zezwolenie na wydawanie gazety 6 razy w tygodniu, rezygnując jednocześnie z polskiej wersji. Zamiast tego regularnie ukazywał się dodatek w języku polskim pt. „Kronika", który później przekształcono w tygodniowy dodatek – „Gazetę Łódzką". W połowie lat 90. XIX w. nabył Jan Petersilge budynki pofabryczne przy ul. Piotrkowskiej 86, składające się z dwóch oficyn oraz placu pod budowę domu frontowego. Okazały czteropiętrowy dom stał się siedzibą drukarni Jana Petersilgego i redakcji gazety. Nazwany jest on „domem pod Gutenbergiem". Nazwa pochodzi od posągu Jana Gutenberga umieszczonego na frontonie domu. Po śmierci Jana Petersilgego w 1905 r. firma była dalej prowadzona przez jego spadkobierców. Wydawano w niej liczne książki i broszury oraz oczywiście „Lodzer Zeitung". W czasie okupacji władze hitlerowskie drukowały w tym lokalu „Litzmannstadter Zeitung".

42 Neue Lodzer Zeitung – ul. Piotrkowska 15

Kolejne i zarazem ostatnie niemieckie pismo w Łodzi pod nazwą „Handels- und Industrieblatt – Neue Lodzer Zeitung" miało swą siedzibę w kamienicy przy Piotrkowskiej 15, gdzie mieściła się również mechaniczna drukarnia poruszana silnikiem naftowym. Pismo to zaczęli wydawać w połowie 1902 r. dawni współpracownicy „Lodzer Zeitung": Aleksander Milker i właściciel drukarni – Aleksander Drewing. W 1905 r. gazeta zatrudniająca dobrych fachowców wchłonęła „Lodzer Tageblatt" L. Zonera, a pięć lat później przyjęła nazwę „Neue Lodzer Zeitung". Pod tym tytułem wychodziła aż do 1939 r.

Oprócz wymienionych gazet wydawano także takie pisma, jak: dwutygodnik „Ewangelisch-Luteranisches Kirchenblatt" (1884-1914), drukowane przez gminę baptystów czasopismo religijne; „Der Hausfreund" (1894-1939), redagowany przez W. Neumanna i A. Eichlera; tendencyjnie lewicowy „Lodzer Rundschau und Handelsblatt" (1911-1913) oraz założoną z ramienia Niemieckiego Wydziału Prasowego gazetę „Deutsche Lodzer Zeitung" (1915-1918) i tygodnik „Deutsche Post" (1915-1918).

Pisząc o niemieckiej prasie w Łodzi nie sposób pominąć funkcjonującego w tym samym czasie wydawnictwa-księgarni Ludwika Fischera, które mieściło się przy ul. Cegielnianej 4. Było to najpopularniejsze wydawnictwo łódzkie na przełomie XIX i XX w. Działalność swą rozpoczął Fischer w 1882 roku wydając kalendarz niemiecki. Pomysł ten przejął od poprzedniego właściciela księgarni – Cezarego Richtera. W tym samym wydawnictwie drukowano także podręczniki szkolne do nauki języka niemieckiego oraz książki beletrystyczne. Po śmierci Fischera w 1900 roku księgarnia przeszła na własność sukcesorów: żony Melanii i dzieci. Następnie firmę przejął brat M. Fischerowej – Paweł Robert Mix.

W czasie pierwszej wojny światowej produkcja wydawnicza w Łodzi zamarła. Część drukarni zlikwidowali okupanci, inne zamykali z braku zamówień sami właściciele. Ze sprzętu zarekwirowanego w łódzkich drukarniach władze okupacyjne zorganizowały dla własnych celów Niemiecką Drukarnię Państwową – Deutsche Staatdrukerei. Po odzyskaniu niepodległości drukarnię przejęły władze polskie i przekształciły ją w Drukarnię Państwową w Łodzi.

Dagmara Ławniczak
Krystyna Radziszewska
Anna Soluch

Sich in den Zeitungen ausdrücken

D. h. auf den Spuren deutschsprachiger Zeitungen in Lodz

Piotrkowska

41. Die „Lodzer Zeitung" (ul. Piotrkowska 80)   120
42. Die „Neue Lodzer Zeitung" (ul. Piotrkowska 15)   121

41 Lodzer Zeitung – ul. Piotrkowska 86

Die Redaktion der ersten Zeitung auf unserem Spaziergang – die der „Lodzer Zeitung" – befand sich an der ul. Piotrkowska 86. Am Anfang hatte die Zeitung keinen so großen Erfolg wie in den späteren Jahren ihres Erscheinens.. Ihr erster Name war „Lodzer Anzeiger – Lodzkie Ogloszenia" und ihr erster Sitz war an der ul. Piotrkowska 11. Gedruckt wurde damals die Zeitung in der Druckerei von Johann Petersilge an der ul. Konstantynowska 5. Die erster Nummer der von Jan Petersilge gegründeten zweisprachigen Zeitung erschien am Mittwoch, den 2. Dezember 1863. Es war ein Blatt von vier Seiten, dessen jährliches Abonnement 20 polnische Zloty betrug, das halbjährliche 10, und das vierteljährliche 5 Zloty.

Für eine Anzeigenzeile mußte man damals zehn Groszy bezahlen.Die Zeitung gehörte nicht zu den viel gelesenen (sie hatte nur um die 300 Abonnenten), denn in ihr wurden ausschließlich behördliche Anzeigen (vor allem der Lokalbehörden), einige Nachrichten und Handelsanzeigen veröffentlicht. Johan Petersilge war sich der Tatsache bewußt, daß die Zeitung nur existierte,weil die Besitzer größerer Immobilien, von Gaststätten u. ä. verpflichtet waren, sie zu abonnieren, und änderte deshalb ihr Profil. Nun wurden lokale Begebenheiten in größerem Umfang besprochen, es wurden Nachdrucke von technischen Feuilletons und von politischen Artikeln aus Warschauer Zeitungen veröffentlicht. Seit dem 1. Januar 1865 erschien die Zeitung unter dem Namen „Lodzer Zeitung". Die Auflage der Zeitung, die nun dreimal pro Woche erschien, wuchs auf 500 Stück. Nach

15 Jahren erhielt Petersilge die Erlaubnis, die Zeitung sechsmal wöchentlich herauszugeben. Er verzichtete gleichzeitig auf die polnische Version. Stattdessen erschien regelmäßig eine polnischsprachige Beilage unter dem Titel „Kronika", die später in eine Wochenbeilage umgestaltet wurde – „Gazeta Lodzka". Mitte der neunziger Jahre des 19. Jh. hat Petersilge einen verlassenen Fabrikkomplex an der ul. Piotrkowska 86 erworben, der aus zwei Hintergebäuden und einem Platz zum Bau des Vordergebäudes bestand. Das prächtige Vordergebäude wurde der Sitz der Petersilgeschen Druckerei und der Zeitungsredaktion. Es wurde „Gutenberghaus" genannt. Der Name stammt von einer Gutenbergstatue, die die Hausfront zierte. Nach dem Tod Petersilges 1905, wurde die Firma von seinen Erben weitergeführt. Sie gab zahlreiche Bücher und Broschüren heraus und natürlich auch die „Lodzer Zeitung". Während der Okkupation druckten die Hitlerbehörden hier die „Litzmannstadter Zeitung".

Neue Lodzer Zeitung – ul. Piotrkowska 15　　42

*D*ie nächste und auch letzte deutsche Zeitung in Lodz, die „Handels- und Industrieblatt – Neue Lodzer Zeitung" hieß, hatte ihren Sitz an der ul. Piotrkowska 15. In dem Gebäude befand sich auch eine mechanische Druckerei, die mit einem Dieselmotor angetrieben wurde. Dieses Blatt haben seit Mitte 1902 ehemalige Mitarbeiter der „Lodzer Zeitung", Alexander Milker und Alexander Drewing, die Besitzer der Druckerei, herausgegeben. 1905 hat das Blatt, das gute Fachleute beschäftigte, das „Lodzer Tageblatt" von L. Zoner übernommen, und fünf Jahre später wurde es „Neue Lodzer Zeitung" genannt. Unter diesem Titel erschien die Zeitung bis 1939.

Neben den erwähnten Zeitungen wurden auch solche Blätter herausgegeben wie das vierzehntägig erscheinende „Evangelisch-Lutherisches Kirchenblatt" (1884-1914), „Der Hausfreund" (1894-1939), herausgegeben von der Baptistengemeinde, die von W. Neumann und A. Eichler redigierte „Lodzer Rundschau und Handelsblatt" (1911-1913) mit linksgerichteter Tendenz, und auch die von der Deutschen Presseabteilung gegründete „Deutsche Lodzer Zeitung" (1915-1918) und das Wochenblatt „Deutsche Post" (1915-1918).

Wenn man über die deutsche Presse in Lodz schreibt, kann man nicht umhin, das damalige Wirken der Verlangsbuchhandlung Ludwig Fischers erwähnen, die sich an der ul. Cegelniana 4 befand. Das war der populärste Lodzer Verlag im Übergang vom 19. zum 20. Jh. Seine Tätigkeit begann Fischer 1882 mit der Herausgabe eines deutschen Kalenders. Die Idee hierzu übernahm er von seinem Vorgänger Cesary Richter. Im gleichen Verlag druckte man auch Schulbücher für den Deutschunterricht sowie Beletristik. Nach Fischers Tod ging die Buchhandlung in Besitz der Erben über, seiner Frau und Kinder. Danach übernahm Paul Robert Mix, der Bruder der Frau Fischer, die Buchhandlung.

Während des ersten Weltkrieges kam die Buchproduktion in Lodz zum Erliegen. Einen Teil der Druckereien haben die Besatzer geschlossen, die übrigen wurden von den Besitzern selbst geschlossen, weil es keine Aufträge mehr gab. Aus dem Maschinenpark, den man in den Betrieben beschlagnahmte, haben die Besatzungsmächte für eigene Zwecke die Deutsche Staatsdruckerei eingenrichtet. Nach der Erlangung der Unabhängigkeit übernahmen die polnischen Behörden die Druckerei und wandelten sie in die Staatliche Druckerei in Lodz um.

Z myślą o innych

Der Gedanke an die anderen

Z myślą o innych

Czyli szlakiem społecznej działalności w Łodzi

**Wólczańska • Milionowa • Piłsudskiego
Curie-Skodowskiej • Tuwima • Narutowicza
Północna • pl. Wolności • Legionów • Aleksandrowska**

Wśród łódzkich Niemców, podobnie jak i wśród ich rodaków w ojczyźnie, istniało duże zrozumienie dla działalności społecznej. Nie było w Łodzi stowarzyszenia ewangelickiego, które nie angażowałoby się w pracę charytatywną. Działalność ta ogniskowała się w parafiach, specjalnych stowarzyszeniach charytatywnych oraz w odpowiednich instytucjach i organizacjach państwowych lub społecznych.

Na naszym kolejnym szlaku proponujemy odwiedzić następujące instytucje użyteczności publicznej:

43.	Szpital św. Jana (ul. Wólczańska 195)	125
44.	Szpital św. Anny (ul. Milionowa 14)	125
45.	Szpital im. Anny Marii (al. Piłsudskiego 71)	126
46.	Szpital „Bethlehem" (ul. Curie-Skłodowskiej 17)	126
47.	Dom Majstrów Tkackich (ul. Tuwima 3)	126
48.	Schronisko dla Starców i Kalek (ul. Narutowicza 60)	127
49.	Szpital przy Domu Miłosierdzia (ul. Północna 42)	128
50.	Pierwsza apteka (plac Wolności 2)	129
51.	Ochotnicza Straż Pożarna (ul. Legionów 4)	129
52.	Szpital w Kochanówce (ul. Aleksandrowska 159)	130

Szpital św. Jana – ul. Wólczańska 195   43

W Łodzi powstawały liczne szpitale ewangelickie. Jednym z nich był znajdujący się przy ul. Wólczańskiej 195 Szpital św. Jana, wybudowany przez Ewangelickie Towarzystwo Filantropijne. Obecnie znajduje się tu Szpital im. Pirogowa. W latach 1927-30 szpital posiadał następujące oddziały: chirurgiczny, wewnętrzny, i ginekologiczno-położniczy. Naczelnym lekarzem był dr Aleksander Kumant. Przyjmował on chorych bez względu na wyznanie. Szpital miał opinię najlepiej wyposażonego w Łodzi.

Szpital św. Anny – ul. Milionowa 14   44

*B*urżuazja łódzka niemieckiego pochodzenia zaczęła przejawiać także aktywność w zakresie opieki zdrowotnej. W pewnym stopniu zostali oni do niej zobligowani poprzez Inspekcję Fabryczną, która nakładała na fabrykantów obowiązek zakładania szpitali fabrycznych.

Należał do nich zbudowany w roku 1884 przez Karola Scheiblera szpital fabryczny św. Anny przy ulicy Przędzalnianej 75 (obecnie Szpital im. Jonschera, ulica Milionowa 14). Był to wielooddziałowy obiekt, nowoczesny pod względem medycznym, o czym świadczy zorganizowanie dwóch odrębnych oddziałów: wewnętrznego i chirurgicznego oraz pracowni rehabilitacyjnej, laboratorium analitycznego, apteki, a później także pracowni rentgenowskiej. Szpital ten powstał z dotacji właściciela zakładu.

45 Szpital im. Anny Marii – al. Piłsudskiego 71

Głównymi fundatorami Szpitala im. Anny Marii byli Edward i Matylda Herbst. Czcili w ten sposób pamięć swej córki, Anny Marii. Powstał on w roku 1905, finansowany także przez rodzinę Geyerów i Scheiblera. Był to szpital pediatryczny. Obecnie w tym budynku (al. Piłsudskiego 71) mieści się Szpital Pediatryczny im. J. Korczaka.

46 Szpital „Bethlehem" – ul. Curie-Skłodowskiej 71

Swój własny szpital posiadali także baptyści rozwijający szeroko zakrojoną działalność społeczną. Odzwierciedlała się ona m.in. w prowadzeniu domu starców, domu dziecka oraz szpitala. „Szpital Bethlehem" otwarto 30 grudnia 1923 roku w zakupionym domu na ulicy Podleśnej 17 (obecnie Curie-Skłodowskiej). Był to pierwszy bardzo nowocześnie jak na ten czas urządzony szpital. Z biegiem czasu dobudowane zostało piętro, budynek został powiększony i zmodernizowany. Znajdowało się w nim 110 łóżek dla chorych. W roku 1939 szpital został ponownie powiększony. Prace zostały zakończone i usunięto rusztowania tuż przed wybuchem drugiej wojny światowej. Obecnie znajduje się tam przychodnia lekarska.

47 Dom Majstrów Tkackich – ul. Tuwima 3

Szeroką działalność samopomocową ale i towarzysko-rozrywkową prowadziło Zgromadzenie Majstrów Tkackich. Dla prowadzenia tej działalności wybudowało ono w roku 1839 przy zbiegu ulicy Piotrkowskiej i Przejazd (obecnie ul. Piotrkowska 100, róg ul. Tuwima) Dom Majstrów Tkackich (Meisterhaus). Budynek ten już nie istnieje, a na jego miejscu stoi dziś kamienica czynszowa. Był to dom parterowy, murowany. Znajdowała się w nim duża sala posiedzeń cechowych oraz mniejszy pokój dla tych samych celów, kuchnia, izba dla chorych czeladników oraz dwa pokoje przeznaczone na archiwum. Oprócz zebrań odbywały się tutaj także zabawy taneczne zwane „balami obywatelskimi", przyjęcia rodzinne, koncerty, spotkania towarzyskie. Była tutaj także gospoda, chętnie odwiedzana przez byłych majstrów tkackich, mimo iż ich portfele były teraz znacznie zasobniejsze. Na tyłach domu znajdował się ogród. Budynek ten okazał się jednak zbyt mały dla coraz prężniej rozwijającego się Zgromadzenia. Zbudowano więc w roku 1911 nowy, istniejący do dziś, gmach przy ulicy Przejazd 3 (obecnie ul. Tuwima 3). Był on znacznie bardziej okazały. Można było nawet część jego pomieszczeń wydzierżawić. Znajdowała się tutaj restauracja „Tivoli", a na pierwszym piętrze kino „Luna", później kino „Wisła". Część pomieszczeń parterowych zajmował zarząd Zgromadzenia. Ogród należący do domu majstrów nie zachował się do dnia dzisiejszego. Okazały budynek istnieje w dalszym ciągu. Jest obecnie remontowany.

Schronisko dla Starców i Kalek – ul. Narutowicza 60 **48**

Budynkiem zasługującym na uwagę jest znajdująca się kiedyś przy ulicy Dzielnej (obecnie Narutowicza 60) należąca dziś do Akademii Medycznej siedziba Schroniska dla Starców i Kalek, powstałego z inicjatywy Łódzkiego Chrześcijańskiego Towarzystwa Dobroczynności. Towarzystwo to zatwierdzone zostało po ośmiu latach starań w styczniu 1885 r. Idea jego utworzenia zrodziła się z chęci złagodzenia skutków bezrobocia i choć częściowego przeciwdziałania zjawisku żebractwa. Pierwszym jego prezesem został Juliusz Heinzel, a w skład zarządu weszli głównie Niemcy. Początkowo działalność towarzystwa polegała na indywidualnej pomocy potrzebującym oraz na organizacji różnych imprez dobroczynnych. W lipcu 1891 roku prezes Heinzel podpisał umowę z magistratem miejskim, który zobowiązał się podarować działkę przy ul. Targowej, Cegielnianej, Dzielnej (obecnie pl. Dąbrowskiego, ul. Jaracza i Narutowicza), na której towarzystwo miało wybudować schronisko dla starców i kalek. Dom ten (prawie na 300 miejsc) został uroczyście oddany do użytku w 1897 roku. Ten wielki dwupiętrowy gmach posiadał oświetlenie gazowe, wodociąg, kuchnię, jadalnię i kaplicę dla katolików i protestantów. Pensjonariusze mieli zapewnioną tutaj opiekę lekarską. Juliusz Heinzel nie doczekał jednak jego otwarcia. Wdowa po nim umorzyła Stowarzyszeniu Dobroczynności wszystkie długi zaciągnięte u Heinzlów na budowę tego obiektu. Przy otwarciu domu starców asystował kolejny prezes, Juliusz Kunitzer.

Kolejne miejsca na mapie miasta związane z działalnością Łódzkiego Chrześcijańskiego Towarzystwa Dobroczynności to ul. Północna 23, gdzie w roku 1889 utworzono ochronkę dla ponad 500 dzieci, oraz ul. Smugowa 10, gdzie od roku 1894 znajdowało opiekę także ponad 500 dzieci. Trzecia ochronka, utworzona dzięki staraniom łódzkiego towarzystwa, znajdowała się przy ulicy Jadwigi 7 (obecnie ul. Nowa), była ona również w znaczny sposób wspierana przez przemysłowców pochodzenia niemieckiego.

49 Szpital Miłosierdzia przy Domu Macierzystym Diakonis – ul. Północna 42

Z inicjatywy Stowarzyszenia Miłosierdzia Konsystorza Ewangelicko-Augsburskiego w Warszawie powstał w 1908 roku przy ulicy Północnej 42 Dom Macierzysty Diakonis i Szpital Miłosierdzia na 25 łóżek oraz jego filia dla epileptyków i umysłowo chorych przy ulicy Tkackiej 8. Zakład dla umysłowo chorych i epileptyków został przeniesiony w roku 1904 z Wiskitek do Łodzi. Początkowo znajdowało się w nim 16 pensjonariuszy, którymi opiekowały się trzy siostry (do roku 1933 liczba sióstr wzrosła z trzech do siedmiu, a później do 59). Liczba pensjonariuszy wzrosła do 46 (rok 1927). Dom Diakonis i szpital poświęcono 21 października 1908 roku. Szpitalem przy Domu Miłosierdzia (ul. Północna 42) kierowali dr Alfred Krusche i dr Alfred Tochtermann (później samodzielnie dr Tochtermann). W szpitalu tym leczono nie tylko ewangelików, ale również chorych innych wyznań: katolików, żydów, prawosławnych. Po rozbudowie w latach 1927-30 szpital przyjmował około 1500 chorych rocznie. Cieszył się dobrą opinią na terenie województwa. Posiadał następujące oddziały: wewnętrzny dla mężczyzn, wewnętrzny dla kobiet, chirurgiczno-ginekologiczny i położniczy, a także gabinet rentgenologiczny i laboratorium chemiczno-bakteriologiczne.

Pierwsza apteka – plac Wolności 2 — 50

*I*nstytucją ściśle związaną z opieką zdrowotną, którą warto odwiedzić, jest pierwsza łódzka apteka. Apteka została otwarta w roku 1829 przy Rynku Nowego Miasta 2 (obecnie plac Wolności 7). Właścicielem jej był Niemiec Karol Ketschon. Nie dane mu jednak było cieszyć się nią zbyt długo, gdyż zmarł rok później. Wdowa po nim zatrudniła tego samego roku magistra farmacji Ludwika Boernera na stanowisko kierownika. Kierował on apteką dość krótko, podobnie jak i jego następcy. Konsekwencją takiej sytuacji była sprzedaż apteki w roku 1834 Polakowi Stanisławowi Kamińskiemu. Następnie aptekę tę odkupił w roku 1840 magister farmacji Bogumił Zimmermann i w tym samym roku wybudował jednopiętrowy dom na Rynku Nowego Miasta 7 (obecnie plac Wolności 2) i przeniósł tam swoją aptekę. W budynku tym także dzisiaj mieści się apteka, a umieszczona na nim tablica informuje o fakcie utworzenia tutaj pierwszej łódzkiej apteki.

Straż Pożarna – ul. Legionów 4 — 51

*A*by prześledzić inną, ale równie ważną, formę działalności społecznej udajemy się na dawną ulicę Konstantynowską (dziś Legionów 4) do siedziby Ochotniczej Straży Pożarnej. W roku 1876 umieszczony został tutaj jej pierwszy oddział.

Ze względu na przewagę budownictwa drewnianego wisiała nad miastem ciągła groźba pożarów. Sprzęt przeciwpożarowy przechowywany był głównie w szopach drewnianych na Nowym Mieście, w magistracie oraz obok stawu Geyera. Stróże miejscy, gdy spostrzegli pożar, wszczynali alarm grzechotkami lub gwizdkami. Akcją kierował tzw. „szprycmajster", który był specjalnie wyszkolony i dysponował sikawką. Pomagali mu mieszkańcy miasta próbując gasić pożar wiadrami wody. Zabiegi te były jednak mało skuteczne. Jako pierwszy w mieście założył w swej fabryce oddział straży pożarnej Ludwik Grohman. Jednak zwiększająca się ciągle liczba pożarów spowodowała, iż z inicjatywy fabrykantów i dzięki ich wsparciu powstała ochotnicza straż pożarna. Oficjalnie podjęła swą działalność w maju 1876 roku, liczyła wówczas 200 osób. Komendantem straży został Ludwik Grohman, wicekomendantem Jan Jarzębowski. Miasto zostało podzielone na trzy okręgi, w których znajdowały się poszczególne oddziały. Wspomniany już I Oddział znajdował się przy ulicy Konstantynowskiej 4 (obecnie ul. Legionów) znajduje się tu jak dawniej straż. II Oddział mieścił się przy ulicy Przejazd 7 (obecnie ul. Tuwima), budynek ten nie istnieje już jednak. Oddział III znajdował się najpierw przy ulicy Piotrkowskiej 175 w „Paradyzie" a następnie przy ulicy Głównej 2 (obecnie al. Piłsudskiego). Budynek ten także nie istnieje. W związku z rozrastaniem się miasta powstała potrzeba utworzenia jeszcze jednego oddziału. Stało się to 26 lipca 1882 roku. Mieścił on się przy ulicy Zarzewskiej 62/64 (obecnie ul. Przybyszewskiego). Pierwsza grupa 50 strażaków otrzymała zamówione w Wiedniu i w Niemczech czarne mundury ze srebrnymi szlifami oraz wyposażenie do gaszenia pożarów, tzn. 2 maski przeciwdymne i wór ratunkowy. Aby zapewnić sobie stałą sprawność fizyczną, strażacy ćwiczyli się pod kierunkiem wiedeńczyka Hauera, który zajął się także stroną organizacyjną łódzkiej straży. Oddziały strażackie były coraz lepiej wyposażone. Posiadały one wozy, mechaniczne sikawki, konie, beczkowozy. Strażakami byli zwykle młodzi mężczyźni z rodzin mieszczańskich, od których wymagano specjalnego świadectwa moralności. Musieli wykazywać się dużą sprawnością fizyczną, aby sprostać stawianym im zadaniom. Nie była to praca łatwa, gdyż każdej nocy wybuchało w mieście i okolicach po kilka pożarów. Wielu strażaków ubezpieczonych było od wypadku na sumę 1000 rubli w towarzystwie „Niebieski Krzyż". Dużą pomocą dla Ochotniczej Straży Pożarnej były straże przy fabrykach, np. te działające w zakładach Scheiblera, Leonhardta czy Grohmana.

Kolejnymi prezesami Łódzkiej Ochotniczej Straży Pożarnej po Grohmanie byli Juliusz Heinzel, następnie Emil Geyer, po nim Ludwik Meyer, jako ostatni objął to stanowisko Ernst Leonhardt.

52 Kochanówka – ul. Aleksandrowska 159

W kwietniu 1896 r. powstała w gronie Towarzystwa Dobroczynności myśl wybudowania schroniska dla umysłowo chorych. Nakreślony został jego projekt, zobowiązano także siedmiu przedstawicieli zarządu do wyszukania odpowiedniego miejsca. Towarzystwo za 35.000 rubli nabyło działkę w oddalonej o 8 wiorst od Łodzi Kochanówce. Wybudowano jednak nie schronisko lecz szpital, który dopiero w 1902 r. oddano do użytku. Finansowo budowę wspierała rodzina Geyerów przeznaczając na ten cel 30.000 rubli. Obecnie w tym samym miejscu (ulica Aleksandrowska 159) znajduje się Szpital dla Psychicznie i Nerwowo Chorych, popularnie zwany „Kochanówką".

*P*rzemysłowcy pochodzenia niemieckiego patronowali także budowie sierocińców, takich jak założony w 1887 r. przy ul. Północnej 42 dom sierot parafii św. Trójcy. Powstanie tego ośrodka wspierała finansowo rodzina Biedermannów, a w zarządzie zasiadali m.in. Scheiblerowie, Leonhardtowie, Herbstowie, Geyerowie. Przy parafii św. Trójcy założono też Dom Opieki nad Dziewczętami bez Rodziców. Znajdował się on przy ul. Tkackiej 36.

*N*iemiecka skłonność do tworzenia różnego rodzaju zrzeszeń znalazła wyraz w powstawaniu stowarzyszeń nie tylko charytatywnych, ale i sportowych, kulturalnych, śpiewaczych, strzeleckich oraz związkowych.

Najstarszym w Łodzi zrzeszeniem sportowym było utworzone w drugi dzień Zielonych Świątek (2 czerwca 1824 roku) **Łódzkie Towarzystwo Strzeleckie.** Jego działalność związana jest z parkiem miejskim Źródliska, w którym znajdowała się strzelnica, a od 1877 r. w długim, murowanym budynku przy Wodnym Rynku 4, siedziba Towarzystwa. Niestety, nie można go już dzisiaj oglądać, ponieważ został rozebrany w latach 30. XX wieku.

Członkowie Towarzystwa Strzeleckiego uświetniali różne uroczystości i imprezy lokalne. Pierwsze ich spotkanie odbyło się pod gołym niebem na Rynku Nowego Miasta (obecnie plac Wolności) i uczestniczyło w nim 12 osób. Tego samego dnia odbyły się zawody strzeleckie. Tarcze i inny potrzebny sprzęt wykonał stolarz Bogumił Trautmann. On też udostępnił członkom tej grupy brakujący sprzęt strzelecki. Grupa strzelców udała się na zawody przy akompaniamencie orkiestry dętej. Pierwszym królem strzelców został Bogumił Strauch, na cześć którego wydany został bal. Towarzystwo to organizowało regularnie w czasie Zielonych Świątek zawody strzeleckie, na których wybierano zwycięskiego króla kurkowego. Spośród znanych łódzkich fabrykantów królami kurkowymi zostali m.in. Tytus Kopisch i Franciszek Kindermann. Innymi formami zawodów było np. strzelanie do

Bogumił Strauch, na cześć którego wydany został bal. Towarzystwo to organizowało regularnie w czasie Zielonych Świątek zawody strzeleckie, na których wybierano zwycięskiego króla kurkowego. Spośród znanych łódzkich fabrykantów królami kurkowymi zostali m.in. Tytus Kopisch i Franciszek Kindermann. Innymi formami zawodów było np. strzelanie do jelenia lub ptaka. Zawody takie kończyły się zwykle wielkim balem. Łódzkie Towarzystwo Strzeleckie istniało do I wojny światowej.

*T*rudno jest prześledzić działalność sportową łódzkich Niemców przypisując ją konkretnym obiektom w przestrzeni miejskiej. Warto je jednak choćby skrótowo wymienić.

Elitarnym klubem sportowym było zarejestrowane w 1887 roku **Łódzkie Towarzystwo Cyklistów**. Dysponowało ono wynajętym torem kolarskim do ćwiczeń przy ulicy Przejazd 5 (obecnie plac Komuny Paryskiej). Jego pierwszym prezesem był Robert Reesiger, a członkami wielu znanych fabrykantów niemieckich i ich synów (m.in. Heinzlowie, Geyerowie, Herbstowie, Biedermannowie). Oprócz wyścigów kolarskich organizowało ono wiele imprez i spotkań towarzyskich, takich jak „wieczory męskie", uroczyste śniadania, spotkania choinkowe oraz wieczorki taneczne, głównie w salach Grand Hotelu i „Paradise".

Przy Towarzystwie Cyklistów istniała także od 1909 roku sekcja tenisa. Jako oddzielny łódzki **Lawn Tennis Club** zaistniał on w roku 1913. W zarządzie zasiedli Bruno Biedermann jako prezes i Leon Grohman jako jego zastępca. Korty tenisowe znajdowały się w Helenowie.

Od roku 1897 istniał w Łodzi **Łódzki Touring Club** jako oddział Rosyjskiego Touring Clubu w Petersburgu. Zrzeszał on miłośników sportu rowerowego, wędrówek pieszych, a także piłki nożnej. Organizowano tam także imprezy karnawałowe. W maju 1905 roku w setną rocznicę śmierci Schillera odbyła się uroczystość ku czci poety, w której wzięli udział znakomici goście.

Istniejące od roku 1898 **Stowarzyszenie Sportowe „Unia"** dbało o rozwój wielu dziedzin sportu. Od roku 1906 w programie zajęć pojawiła się piłka nożna. Aby lepiej poznać reguły gry, zapraszano drużyny z zagranicy. Od 1906 roku zaczęła się w Łodzi rozwijać także lekkoatletyka. Rok później utworzona została sekcja dla pań.

Dużą popularnością cieszyły się w Łodzi również kluby gimnastyczne. Początek pierwszemu **Towarzystwu Gimnastycznemu „Siła" (Kraft)**, dała utworzona w 1896 spośród aktywnych członków Straży Ogniowej sekcja gimnastyczna, którą popierał ówczesny prezes straży Ludwik Meyer. Statut towarzystwa zatwierdzony został 23 maja 1907 roku. Jego członkami byli głównie strażacy, a znaczkiem towarzystwa był hełm strażacki. Zbierano się w III lokalu straży przy ulicy Mikołajewskiej 54 (obecnie Sienkiewicza). Inne towarzystwa gimnastyczne działające w Łodzi to utworzone w tym samym roku 1907 **Łódzkie Towarzystwo Gimnastyczne „Wiek" (Alter)**, **Łódzkie Towarzystwo Gimnastyczne „Aurora"** oraz w 1910 **Towarzystwo Gimnastyczne „Dąbrowa"**. Po zjednoczeniu istniejących od 1907 roku oddzielnie Towarzystwa Gimnastycznego „Johan" i „Achilles" powstało w roku 1911 **Zjednoczone Towarzystwo Gimnastyczne „Johan-Achilles"**. Swój lokal miało ono przy ulicy Długiej 110 (obecnie Gdańska). Twórcami jego byli m.in. E. Leonhardt, A. Wehr, H. Heinzel, K. Schmidt, L. Schweikert, A. Drewing, K. Job.

W 1912 położono kamień węgielny pod budowę hali gimnastycznej, którą oddano do użytku po pięciu miesiącach, w roku 1913. Hala składała się z sali gimnastycznej, bufetu i kilku mniejszych pomieszczeń. 5 listopada 1910 roku zapadła decyzja o utworzeniu **Łódzkiego Towarzystwa Atletycznego**, którego lokal z pięknym ocienionym ogrodem i dużym boiskiem znajdował się przy ulicy Mikołajewskiej 40. Od marca istniał także **Łódzki Klub Piłkarski „Viktoria"**, a od 1911 **Klub Sportowy „Newcastle"**.

Krystyna Radziszewska

Der Gedanke an die anderen

D. h. auf den Spuren des sozialen Engagements in Lodz

**Wólczańska • Milionowa • Piłsudskiego
Curie-Skłodowskiej • Tuwima • Narutowicza
Północna • plac Wolności • Legionów • Aleksandrowska**

Die Lodzer Deutschen hatten wie auch ihre Landsleute in der Heimat einen stark entwickelten Sinn für das soziale Engagement. Es gab in Lodz keine einzige evangelische Vereinigung, die nicht karitativ engagiert wäre. Diese Tätigkeit zentrierte sich in den Pfarreien, in karitativen Vereinigungen sowie in entsprechenden staatlichen oder privaten Institutionen und Organisationen.

43.	Hl.-Johannes-Krankenhaus (ul. Wólczańska 195)	135
44.	Hl.-Anna-Krankenhaus (ul. Milionowa 14)	135
45.	Anna-Maria-Krankenhaus (al. Piłsudskiego 71)	136
46.	„Bethlehem" Krankenhaus (ul. Curie-Skłodowskiej 17)	136
47.	Das Webermeisterhaus (ul. Tuwima 3)	137
48.	Alten- und Behindertenasyl (ul. Narutowicza 60)	137
49.	Krankenhaus am Barmherzigkeitshaus (ul. Północna 42)	138
50.	Die erste Apotheke (plac Wolności 2)	139
51.	Die Freiwillige Feuerwehr (ul. Legionów 4)	140
52.	Krankenhaus Kochanówka (ul. Aleksandrowska 159)	141

Das Hl.-Johannes-Krankenhaus – ul. Wólczańska 195 — 43

*I*n Lodz gab es evangelische Krankenhäuser. Eines war das Hl.-Johannes-Krankenhaus an der ul. Wólczanska 195, das von der Evangelischen Philantropischen Gesellschaft erbaut wurde. Heute befindet sich hier das Pirogow-Krankenhaus. In den Jahren 1927-30 besaß das Johannes-Krankenhaus folgende Abteilungen: chirurgische, innere, gynekologische und Geburtshilfe. Der Chefarzt war Dr. Aleksander Kumant. Er nahm alle Kranken, gleich welcher Konfession auf. Das Krankenhaus galt als das best ausgestattete in Lodz.

Hl.-Anna-Krankenhaus – ul. Milionowa 14 — 44

*D*as Lodzer Bürgertum deutscher Abstammung wurde auch im Bereich der Gesundheitsfürsorge aktiv. Es wurde dazu gewissermaßen durch die Fabrikinspektion verpflichtet, die es den Fabrikanten zur Auflage machte, Fabrikkrankenhäuser anzulegen.

Zu diesen gehörte auch das von Karl Scheibler 1884 gegründete Hl.-Anna-Fabrikkrankenhaus an der ul. Przedzalniana 75 (jetzt „Szpital Jonschera" ul. Milionowa 14). Das war unter medizinischen Gesichtspunkten ein modernes Objekt, wovon die Tatsache zeugt, daß zwei selbständige

Abteilungen eingerichtet worden sind: die innere und die chirurgische. Daneben gab es noch eine Rehabilitationsstätte, ein analytisches Laboratorium, eine Apotheke und später auch noch ein Röntgenlabor. Das Krankenhaus entstand aus Geldmitteln des Fabrikinhabers.

45 Das Anna-Maria-Krankenhaus – ul. Piłsudskiego 71

Die Hauptstifter des Anna-Maria-Krankenhauses waren Eduard und Mathilde Herbst. Sie ehrten auf diese Weise das Andenken ihrer Tochtet Anna Maria. Es entstand 1905 und wurde auch von den Familien Geyer und Scheibler mitfinanziert. Es war ein Kinderkrankenhaus. Heute befindet sich in diesem Gebäude (ul. Pilsudskiego 71) das J. Korczak Kinderkrankenhaus

46 Das „Bethlehem" Krankenhaus – ul. Curie-Skłodowskiej 17

Ein eigenes Krankenhaus besaßen auch die Baptisten, die im sozialen Bereich sehr aktiv waren. Das spiegelte sich u. a. darin, daß sie ein Alters- und ein Kiderheim unterhielten. Das Krankenhaus „Bethlehem" eröffneten sie am 30. 12. 1923 in einem an der ul. Podleśna (heute Curie-Sklodowskiej) erworbenen Haus. Es war das erste für diese Zeit sehr modern eingerichtete Krankenahaus. Nach einiger Zeit wurde ein Stockwerk hinzugefügt, das Gebäude wurde erweitert und modernisiert. Es gab dort 110 Krankenbetten. 1939 wurde das Krankenhaus noch einmal erweitert. Als die Arbeiten beendet und die Baugerüste entfernt wurden, brach der zweite Weltkrieg aus. Heute befindet sich hier eine ärztliche Ambulanz.

Der Gedanke an die anderen

Das Webermeisterhaus – ul. Tuwima 3   47

Die Vereinigung der Webermeister entfaltete eine breit gefächerte Tätigkeit nicht nur auf dem Gebiet der Selbsthilfe sondern auch auf dem Gebiet der Geselligkeit.Zur Durchführung dieser Aktivitäten hat die Vereinigung 1839 an der Kreuzung der ul. Piotrkowska mit der ul. Przejazd (heute ul. Piotrkowska 100, Ecke ul. Tuwima) das Webermeisterhaus errichtet. Dieses Gebäude gibt es heute nicht mehr; an seiner Stelle steht ein Mietshaus. Das Webermeisterhaus war ein ebenerdiges gemauertes Gebäude. Es befand sich in ihm ein großer und ein kleiner Sitzungssaal, eine Küche, ein Gesellenkrankenzimmer und zwei Zimmer für das Archiv. Außer den Versammlungen fanden hier auch Bälle, sog. „Bürgerbälle" statt, sowie familiäre Empfänge, Konzerte und verschiedene Treffen. Hier befand sich auch eine Gaststätte, die gerne von den ehemaligen Meistern besucht wurde, obwohl sie inzwischen über dickere Geldbeutel verfügten. Hinter dem Haus befand sich ein Garten. Das Gebäude erwies sich aber bald als zu klein für die sich dynamisch entwickelnde Vereinigung. Daher hat man 1911 an der ul. Przejazd 3 (heute ul. Tuwima 3) ein bis heute erhalten gebliebenes Gebäude errichtet. Es war viel prächtiger. Einen Teil seiner Räumlichkeiten konnte man sogar mieten. Hier befand sich das Restaurant „Tivoli", und in dem ersten Stock das Kino „Luna", das spätere Kino „Wisla". In einem Teil der Räume im Erdgeschoß waren die Vorstandszimmer der Vereinigung. Der Garten des Webermeisterhauses ist bis heute nicht erhalten geblieben. Das prächtige Gebäude gibt es aber immer noch. Es wird zur Zeit renoviert.

Das Behinderten- und Altenasyl – ul. Narutowicza 60   48

Ein Gebäude, das als nächstes unsere Aufmerksamkeit verdient, stand an der ul. Dzielna (heute Narutowicza 60). Heute gehört es der Medizinischen Akademie und war der Sitz des Behinderten- und Altenasyls, das aus Initiative des Lodzer Christlichen Wohltätigkeitsvereins entstand. Der Verein wurde nach achtjährigen Bemühungen im Januar 1885 offiziell bestätigt.

Der Gedanke, diesen Verein zu gründen, entstand aus dem Bestreben, die Folgen der Arbeitslosigkeit zu lindern, und aus dem Bemühen, wenigstens teilweise dem Bettelwesen entgegenzutreten. Erster Präsident des Vereins wurde Julius Heinzel, wobei dem Vorstand hauptsächlich Deutsche angehörten.. Am Anfang beschränkte sich die Tätigkeit des Vereins darauf, den Bedürftigen individuelle Hilfe zu gewähren und verschiedene Wohltatigkeitsveranstaltungen durchzuführen. Im Juli 1891 unterschrieb der Vorsitzende Heinzel einen Vertrag mit der Stadtverwaltung, in dem sie sich verpflichtete, dem Verein ein Grundstück an der ul. Targowa – Cegelniana – Dzielna zu schenken (heute Plac Dabrowskiego, ul. Jaracza und Narutowicza), auf dem der Verein das Behinderten -und Altenasyl errichten sollte. Dieses Haus mit fast 300 Plätzen wurde 1897 feierlich seiner Bestimmung übergeben. Das große zweistöckige Haus hatte eine Gasbeleuchtung, Wasserleitungen, Küchen und Speisesäle für Katholiken und Protestanten. Den Insassen wurde eine ärztliche Betreuung garantiert. Julius Heinzel erlebte aber die Eröffnung nicht. Seine Wittwe erließ dem Verein alle Schulden, die er bei den Heinzels machen mußte, um diesen Bau errichten zu können. Die Eröffnung leitete der nachfolgende Präsident Julius Kunitzer.

Weitere Plätze, die mit der Tätigkeit der Wohltätigkeitsvereins verbunden sind, befinden sich an der ul. Północna 23, wo man 1889 eine Aufbewahrungsstätte für über 500 Kinder errichtete, dann an der ul. Smugowa 10, wo im Jahre 1894 ebenfalls über 500 Kinder betreut wurden. Die dritte Aufbewahrungsstätte, die dank des Wohltätigkeitsvereins errichtet wurde, befand sich an der ul. Jadwigi (heute ul. Nowa). Sie wurde im beträchtlichen Maße auch von den deutschen Industriellen unterstützt.

49 Das Haus der Barmherzigkeit am Mutterhaus der Diakonissen – ul. Północna 42

Aus Initiative des Wohltätigkeitsvereins des Evangelisch-Augsburgischen Konsistoriums in Warschau entstand 1908 an der ul. Polnocna 42 das Mutterhaus der Diakonissen und das Haus der Barmherzigkeit mit 25 Betten und einer Abteilung für Epileptiker und geistig Kranke an der ul. Tkacka 8. Die Abteilung für Epileptiker und geistig Kranke wurde 1904 aus Wiskitki nach Lodz verlegt. Am Anfang hatte sie 16 Insassen, für die drei Schwestern sorgten (bis 1933 wuchs die Zahl der Schwestern von drei auf sieben, später bis 59). Die Zahl der Insassen erhöhte sich auf 46 im Jahr 1927. Das Diakonissenhaus und das Krankenhaus wurden am 21. November 1908 eingeweiht. Das Krankenhaus leiteten Dr. Alfred Krusche und Dr. Alfred Tochtermann (später Dr. Tochtermann allein). Im Krankenhaus wurden nicht nur evangelische sondern auch Kranke anderer Bekenntnisse behandelt: katholische, orthodoxe, auch Juden. Nach der Erweiterung in den Jahren 1927-1930 empfing das Krankenhaus 1500 Patienten jährlich. Es hatte in der Wojewodschaft einen guten Ruf. Es gab folgende Abteilungen: innere für Männer und Frauen, chirurgisch-gynäkologische mit Geburtshilfe, ebenso eine Röntgenabteilung und ein chemisch-bekteriologisches Labor.

Die erste Apotheke – plac Wolności 2 — 50

*E*ine Institution, die mit der Gesundheitsvorsorge verbunden ist und verdient, besichtigt zu werden, ist die erste Lodzer Apotheke. Die Apotheke wurde 1829 am Markt der Neuen Stadt 2 (heute plac Wolności 7) eröffnet. Ihr Inhaber war der Deutsche Karl Ketschon. Er sollte sich aber nicht lange an seiner Apotheke erfreuen, denn er starb nach einem Jahr. Seine Witwe hat im gleichen Jahr den Magister der Pharmazie Ludwig Börner eingestellt. Er leitete aber, ähnlich wie seine Nachfolger, nur kurze Zeit die Apotheke. Dies führte dazu, daß die Apotheke 1834 an den Polen Stanislaw Kaminski verkauft wurde. Als nächster kaufte 1840 der Magister der Pharmazie Bogumil Zimmermann die Apotheke. Er hat im gleichen Jahr ein einstöckiges Haus am Markt der Neuen Stadt 7 (heute plac Wolności 2) erbauen lassen und verlegte seine Apotheke in das neue Haus. In diesem Gebäude gibt es auch heute noch eine Apotheke und eine Tafel erinnert daran, daß hier die erste Lodzer Apotheke gegründet wurde.

51   Die Feuerwehr – ul. Legionów 4

*U*m eine andere ebenso wichtige Form des sozialen Engagements zu verfolgen, begeben wir uns in die ehemalige ul. Konstantynowska (heute Legionow 4) zum Sitz der Freiwilligen Feuerwehr. Hier wurde 1876 ihre erste Abteilung eingerichtet.

Wegen der Holzbauweise war die Stadt ständig von Feuersbrünsten bedroht. Die hauptsächlichsten Geräte zur Feuerbekämpfung wurden in der Neuen Stadt, im Magistrat und neben dem Geyer-Teich aufbewahrt. Wenn die Stadtwächter ein Feuer bemerkten, schlugen sie mit Rasseln und Pfeifen Alarm. Die Aktion leitete der sog. Spritzmeister, der speziell ausgebildet wurde und über eine Spritze verfügte. Ihm halfen die Stadtbewohner, die das Feuer mit Wassereimern zu bekämpfen suchten. Diese Mittel waren aber wenig wirksam. Als erster in der Stadt hat Ludwig Grohman in seiner Fabrik eine Feuerwehr eingerichtet. Aber die ständig steigende Zahl der Brände führte dazu, daß durch die Initiative und dank der Unterstützung der Fabrikanten eine freiwillige Feuerwehr ins Leben gerufen wurde. Offziell unternahm sie ihre Tätigkeit im Mai 1876. Sie zählte damals 200 Mitglieder. Zum Komandanten wurde Ludwig Grohman bestellt, zum Stellvertreter Jan Jarzebowski. Die Stadt wurde in drei Bezirke eingeteilt, in denen sich die einzelnen Abteilungen befanden. Die bereits erwähnte erste Abteilung befand sich an der ul. Konstantynowska 4 (jetzt ul. Legionow): auch heute befindet sich hier die Feuerwehr. Die zweite Abteilung befand sich an der ul. Przejazd 7 (heute ul. Tuwima) – dieses Gebäude existiert heute nicht mehr. Die dritte Abteilung befand sich zunächst an der ul. Piotrkowska 175 im „Paradies", anschließend an der ul. Glówna 2 (heute Aleja Marszalka Jozefa Pilsudskiego). Auch dieses Gebäude gibt es nicht mehr. Mit dem weiteren Anwachsen der Stadt ergab sich die Notwendigkeit, eine weitere Abteilung einzurichten. Dies geschah am 26. Juli 1882. Diese Abteilung befand sich an der ul. Zarzewska 62/64 (heute ul. Przybyszewskiego). Die fünfzig Feuerwehrleute der ersten Abteilung erhielten die in Wien und Deutschland bestellten schwarzen Uniformen mit silbernen Achselschnüren, weiterhin eine Ausrüstung zur Feuerbekämpfung, d. h. zwei Rauchmasken und einen Rettungssack. Um die körperliche Einsatzfähigkeit zu erhalten, übten die Feuerwehrleute unter der Leitung des Wieners Hauer, der sich auch um die organisatorischen Probleme der Lodzer Feuerwehr kümmerte. Mit der Zeit wurde die Feuerwehr immer besser ausgerüstet. Sie verfügte über mechanische Spritzen, Pferde, Wagen mit Wasserbehältern. Die Feuerwehrleute waren in der Regel junge Männer aus bürgerlichen Familien, von denen ein spezielles Sittlichkeitszeugnis verlangt wurde. Sie mußten über eine hohe köperliche Einsatzfähigkeit verfügen, um die gestellten Aufgaben bewältigen zu können. Das war keine leichte Arbeit, denn jede Nacht brachen in Lodz und Umgebung einige Feuer aus. Viele Feuerwehrleute waren gegen Unfall auf die Summe von 1000 Rubeln bei der Gesellschaft „Himmlisches Kreuz" versichert. Eine große Hilfe waren für die freiwillige Feuerwehr die Werksfeuerwehren, z. B. die in den Fabriken von Scheibler, Leonhard oder Grohman.

Nach Grohman haben die freiwillige Feuerwehr geleitet: Julius Heinzel, dann Emil Geyer, nach ihm Ludwig Meyer und als letzter Ernst Leonhardt.

Kochanówka – ul. Aleksandrowska 159 — 52

*I*m April 1896 entstand innerhalb des Wohltätigkeitsvereins die Idee, ein Asyl für geistig Kranke zu errichten. Es wurde ein Plan entworfen und sieben Vorstandsmitglieder wurden verpflichtet, einen geeigneten Platz zu finden. Der Verein erwarb für 35 000 Rubel ein Grundstück in dem acht Wersten von Lodz entfernten Dorf Kochanowka. Es wurde aber kein Asyl sondern ein Krankenhaus errichtet, das erst 1902 seiner Bestimmung übergeben wurde. Finanziell wurde der Bau von der Familie Geyer unterstützt, die 30 000 Rubeln zur Verfügung stellte. Heute befindet sich an der gleichen Stelle (ul. Aleksandrowska 159) ein Krankenhaus für Psychisch- und Nervenkranke, im Volksmund „Kochanówka" genannt.

*D*ie deutschstämmigen Fabrikanten unterstützten auch den Bau von Waisenhäusern, wie z. B. das 1887 an der ul. Północna 42 eingerichtete Waisenhaus der Hl. Dreifaltigkeitspfarrei. Die Entstehung dieses Waisenhauses wurde finanziell von der Familie Biedermann unterstützt und im Vorstand saßen unter anderem die Leonhardts, Herbsts, Geyers. An der Hl.

Dreifaltigkeitspfarrei wurde auch ein Haus der Fürsorge für Waisenmädchen eingerichtet. Es befand sich an der ul. Tkacka 36.

Die deutsche Neigung, verschiedener Art Vereinigungen zu gründen, fand ihren Ausdruck nicht nur in der Entstehung karitativer Vereinigungen. Es enstanden auch Sport-, Kultur-, Gesangs- und Schützenvereine und Gewerkschaften.

Der älteste Lodzer Sportverein war der am Pfingstmontag, den 2. Juni 1824 gegründete **Lodzer Bürgerschützengilde**. Seine Tätigkeit ist eng mit dem städtischen Park Zrodliska verbunden, wo sich ein Schießplatz und seit 1877 in einem langen, gemauerten Gebäude am Wodny Rynek 4 der Sitz des Vereins befand. Leider, man kann es heute nicht mehr besichtigen, weil es in den dreißiger Jahren des 20. Jahrhunderts abgetragen wurde. Die Mitglieder des Schützenvereins verschönten verschiedene Feier und Veranstaltungen. Ihre erste Zusammenkunft wurde unter freiem Himmel am Marktplatz der Neuen Stadt (heute plac Wolności) abgehalten. An ihr nahmen zwölf Personen teil. Am gleichen Tag wurde ein Schützenwettbewerb abgehalten. Die Scheiben und die anderen benötigten Gerätschaften wurden von dem Tischler Bogumił Trauttmann verfertigt. Er stellte der Gruppe auch die noch fehlende Schützenausrüstung zur Verfügung. Die Gruppe der Schützen begab sich zum Wettkampf, begleitet von einer Blaskapelle. Der erste Schützenkönig war Bogumił Strauch, zu dessen Ehren ein Ball veranstaltet wurde. Der Verein hat regelmäßig zu Pfingsten einen Schützenwettbewerb veranstaltet, auf dem der Schützenkönig gekürt wurde. Unter den Schützenkönigen befanden sich auch bekannte Lodzer Fabrikanten wie Titus Kopisch und Franz Kindermann. Eine andere Form des Schützenwettbewerbs war das Schießen auf Rehe und Vögel. Diese Wettbewerbe wurden immer von einem Ball gekrönt. Der Lodzer Schützenverein bestand bis zum ersten Weltkrieg.

Es ist schwierig, die sportlichen Aktivitäten der Lodzer Deutschen bestimmten Objekten im Stadtgebiet zuzuordnen. Es lohnt aber zumindest kurz die folgenden zu erwähnen.

Ein elitärer Sportklub war der im Jahre 1887 registrierte **Lodzer Radrennverein**. Zu Übungszwecken verfügte er über eine gemietete Radrennbahn an der ul. Przejazd 5 (heute Plac Komuny Paryskiej). Sein erster

Vorsitzender wurde Robert Reesinger. Viele bekannte Lodzer Fabrikanten und ihre Söhne wurden Mitglieder (so u. a. Heinzels, Biedermanns, Geyers, Herbsts). Neben Radrennen organisierte der Verein viele Veranstaltungen und gesellschaftliche Treffen, wie „Herrenabende", feierliche Frühstücke, Christbaumabende, Tanzabende, hauptsächlich in den Räumen des „Hotel Grand" und des „Paradies".

Dem Radrennverein war seit 1909 eine Tenisabteilung angegliedert. Als selbständiger Lodzer **„Lawn Tenis Club"** existierte er seit 1913. Im Vorstand waren Bruno Biedermann als Vorsitzender und Leon Grohman als Vize. Die Tenisplätze befanden sich in Helenów.

Seit 1897 gab es in Lodz den **„Lodzer Touring Club"** als Abteilung des russichen Touringclubs in Petersburg. Er vereinigte Liebhaber des Radsports, des Wanderns und auch des Fußballs. Der Club organisierte auch Karnevalsveranstaltungen. Im Mai 1905, am hundertsten Jahrestag des Todes von Friedrich Schiller wurde eine Feier zu Ehren des Dichters veranastaltet, an der illustre Gäste teilnahmen.

Der seit 1898 bestehende **Sportverein „Unia"** förderte viele Sportarten. Seit 1906 erschien im Programm der Fußball. Um die Spielregeln besser kennenzulernen, lud man ausländische Mannschaften ein. Seit 1906 entwickelte sich in Lodz auch die Leichtathletik. Ein Jahr später gründete man eine Damenabteilung.

Sehr beliebt waren in Lodz auch die Turnvereine. Die Wiege des ersten **Turnvereins „Kraft"** war die im Jahre 1896 aus den aktiven Mitgliedern der Feuerwehr gegründete Turnabteilung, die vom damaligen Präsidenten der Feuerwehr, Ludwig Meyer unterstützt wurde. Die Statuten des Vereins wurden am 23. Mai 1907 bestätigt. Seine Mitglieder rekrutierten sich hauptsächlich aus den Feuerwehrleuten. Als Zeichen des Vereins fungierte ein Feuerwehrhelm. Die Versammlungen fanden statt im dritten Lokal der Feuerwehr an der ul. Mikolajewska 54 (heute Sienkiewicza). Andere in Lodz tätige Turnvereine das sind die 1907 gegründete **Lodzer Turnvereinigung „Alter"**, Lodzer Turnverinigung **„Aurora"** und im Jahre 1910 der Turnverein **„Dąbrowa"**. Nach der Vereinigung der beiden seit 1907 getrennt bestehenden Turnvereine „Johann" und „Achiles" entsteht im Jahr 1911 der Vereinigte **Turnverein „Johann – Achiles"**. Sein Vereinslokal war an der ul. Długa 110 (heute Gdańska). Die Gründer waren u. a. E. Leonhardt, A. Wehr, H. Heinzel, K. Schmidt, I. Schweikert, A. Drewing, K. Job.

1912 wurde der Grundstein zum Bau einer Turnhalle gelegt. die im Jahr 1913 nach fünfmonatiger Bauzeit ihrer Bestimmung übergeben wurde.Das Gebäude enthielt eine Turnhale, ein Bufett und einige kleinere Räume. Am 5. November 1910 fiel die Entscheidung zur Gründung einer **Lodzer Athletischen Gesellschaf**, deren Vereinslokal mit einem schönen, schattigen Garten und einem großen Fußballplatz sich an der ul. Mikolajewska 40 befand. Seit März existierte bereits der **Lodzer Fußballverein „Viktoria"**, und seit 1911 der **Sportverein „Newcastle"**.

Miejsca ostatniego spoczynku

Die letzten Ruhestätten

Hermann Pfitzner vorm. A. Fiebiger, **Lodz**
Cmentarnastraße Nr. 11/64a, Ecke Ogrodowa.

BILDHAUEREI- U. STEINMETZ-GESCHÄFT

GROSSES LAGER FERTIGER GRAB-DENKMÄLER AUS GRANIT, MARMOR UND SANDSTEIN

Miejsca ostatniego spoczynku

Czyli szlakiem niemieckich cmentarzy

**Srebrzyńska • Ogrodowa • Sopocka • Doły
Telefoniczna • Zgierska • Nowosolna • Rejtana
Piękna • Brukowa • Rokicińska • Rzgów**

Cmentarze to osobliwe miejsca odwiedzin. Spacer alejami pośród drzew i kamiennych pomników jest nie tylko okazją do podziwiania różnorodności stylów artystycznych nagrobków, lecz także wyprawą w głąb siebie, podróżą do tajemnych terytoriów, jakie wyznacza śmierć.

Łódzkie cmentarze opowiadają historię miasta powstałego w ciągu jednego wieku. Ich powstanie związane jest z napływem ludności na teren rozwijającego się od początku XIX wieku ośrodka przemysłowego.

Idąc ostatnim proponowanym przez nas szlakiem udamy się na następujące cmentarze:

53.	Stary cmentarz ewangelicki przy ul. Srebrzyńskiej	147
54.	Cmentarz katolicki przy ul. Ogrodowej	153
55.	Cmentarz ewangelicki przy ul. Sopockiej	154
56.	Cmentarz komunalny na Dołach	155
57.	Cmentarz baptystów przy ul. Telefonicznej	155
58.	Cmentarz prawosławny przy ul. Telefonicznej	155
59.	Cmentarz katolicki na Radogoszczu przy ul. Zgierskiej	155
60.	Cmentarz ewangelicki w Nowosolnej	155
61.	Cmentarz ewangelicki przy ul. Rejtana	155
62.	Cmentarz ewangelicki przy ul. Pięknej (obecnie park)	156
63.	Cmentarz przy ul. Brukowej (do dziś zachowały się jedynie nieliczne nagrobki)	156
64.	Cmentarz ewangelicki przy ul. Rokicińskiej	156
65.	Cmentarz wojenny w Rzgowie	157

Stary cmentarz ewangelicki – ul. Srebrzyńska 53

*B*ez wątpienia najcenniejszą nekropolią łódzką jest znajdujący się przy ulicy Srebrzyńskiej stary cmentarz ewangelicki. Nagrobki toną tutaj w bogatej roślinności, nadającej temu miejscu niepowtarzalny nastrój, skłaniający do rozważań nad tym, co nas czeka po przekroczeniu owych tajemnych drzwi oddzielających znane od niepoznawalnego.

Cmentarz został poświęcony w 1855 roku. Składał się on wtedy z trzech części: ewangelickiej (należącej do parafii św. Trójcy), prawosławnej oraz katolickiej. Po powstaniu w latach osiemdziesiątych drugiej ewangelicko-augsburskiej parafii pod wezwaniem św. Jana, mieszczącej się przy ulicy Mikołajewskiej (obecnej Sienkiewicza) – część ewangelicką podzielono.

Swój dzisiejszy kształt nekropola uzyskała w 1892 roku. Obecnie na cmentarzu należącym do luterańskiej parafii św. Mateusza spoczywają najbardziej zasłużeni dla miasta łodzianie.

1. Pomnik powstały w połowie lat osiemdziesiątych minionego wieku, grobowiec urodzonego w Berlinie Ludwika Geyera (1805-1869) i jego małżonki Emilii o kształcie wysokiej na cztery metry neogotyckiej kapliczki, ozdobionej reliefem przedstawiającym anioła trzymającego wstęgę.

2. Grób pierwszego pastora łódzkiej parafii św. Trójcy – Fryderyka Bogumiła Metznera (1797-1852), ozdobiony marmurowym krzyżem.

3. Grób pastora parafii św. Trójcy – Klemensa Bertolda Rondthalera (1839-1900).

4. Pomnik poświęcony pastorowi brzezińskiej parafii – Pawłowi Hadrianowi (1868-1924).

5. Pochodzący z pierwszego okresu istnienia cmentarza grób rodziny Steinertów. Tu jest pochowany jeden z bardziej znaczących przemysłowców Karol Bogumił Steinert (1808-1865) – właściciel drukarni perkalu, przędzalni i szwalni.

6. Granitowy grobowiec Gustawa Schweigerta (1845-1888). Pomnik wykuto na kształt drzwi, przed którymi stoi postać kobieca wykonana z białego marmuru. Odziana w strój żałobny postać trzyma w lewym ręku wieniec, prawą dłoń natomiast wyciąga ku drzwiom. Rzeźba przedstawia portret wdowy – Augusty Schweigert.

7. Grób rodziny Ludwika Grohmana (1826-1889), jednego z największych potentatów przemysłu łódzkiego. Zwrócony w stronę bramy wejściowej grobowiec tworzy rozłożysta kompozycja na wysokim cokole. W ściany pomnika wmurowane są granitowe tablice poświęcone zmarłym. Przed ścianą frontową stoi naturalnej wielkości figura Chrystusa odzianego w powłóczyste szaty. Jezus wyciąga rękę w geście błogosławieństwa. Grobowiec zdobi popiersie Ludwika Grohmana w medalionie otoczonym wieńcem laurowych liści.

8. Grobowiec Zofii Biedermann z domu Meyer, która spoczywa we wspólnym grobowcu ze swym ojcem – Ludwikiem Meyerem (1841-1911) – i matką Matyldą.

Zdobiąca grób rodziny Meyerów rzeźba przedstawia anioła, który pochyla się nad dwojgiem dzieci, siedzących na skale nad przepaścią. Anioł w antycznych szatach – to wizerunek zmarłej w wieku dwudziestu siedmiu lat Zofii Biedermann, żony Alfreda Biedermanna (1866-1936), która odeszła osierocając dwóch synów. Starszy chłopiec to Rolf mający w chwili powstania rzeźby, w 1898 roku, pięć lat, młodszy wyobrażony „na czworakach", to Helmut, wówczas trzyletni. Rzeźba przedstawia w interesujący sposób motyw Anioła Stróża czuwającego nad dziećmi znajdującymi się w niebezpieczeństwie.

9. Grób lekarza Karola Jonschera (1850-1907), współorganizatora szpitala dla robotników św. Anny oraz szpitala pediatrycznego im. Anny Marii. Wykonana z brunatnego granitu płyta, stojąca na dużym cokole, zwieńczona została urną. Powierzchnię jej wypełnia reliefowa kompozycja przedstawiająca doktora Jonschera otoczonego pacjentami.

10. Grobowiec twórcy przemysłowego Widzewa – Juliusza Kunitzera (1843-1905), współwłaściciela Towarzystwa Akcyjnego Heinzel i Kunitzer.

Pokryta jasnym granitem kaplica-mauzoleum została zbudowana na planie kwadratu. Na jej szczycie znajduje się latarnia, której okienka wypełnione były niegdyś witrażami.

Pod kaplicą mieści się krypta grobowa. Niestety wystrój kaplicy został po wojnie kompletnie zniszczony. Również barokowa krata drzwiowa, której wartość w chwili stworzenia równa była cenie trzech powozów zaprzężonych w czwórkę koni, uległa znacznym uszkodzeniom.

11. Grobowiec rodzinny Karola Rajmunda Eiserta (1865-1935), znanego wytwórcy wyrobów wełnianych. Pomnik ma kształt ostrosłupa pokrytego polerowanym czarnym granitem. Grobowiec zdobi krzyż oraz ustawiona na niskim postumencie granitowa urna. Pierwotnie na jej miejscu stała niezwykle interesująca rzeźba z brązu, wykonana przez islandzkiego twórcę Einara Jonssona w 1935 roku. Po wojnie została ona przeniesiona do ewangelicko-augsburskiego kościoła św. Mateusza w Łodzi i umieszczona w bocznej niszy. Rzeźba przedstawiała trzy alegoryczne postacie: na pierwszym planie – leżąca postać kobieca, za którą stał Anioł Śmierci

z twarzą przysłoniętą chustą, za nim – wyciągająca do przodu ramiona wysoka postać kobieca.

12. Czarny marmurowy krzyż poświęcony Gustawowi Rudolfowi Gundlachowi (1850-1922), który od 1882 sprawował obowiązki pastora parafii św. Trójcy w Łodzi.

13. Miejsce spoczynku kupca i przemysłowca łódzkiego – Gustawa Lorenza (1839-1905), którego okazałe mauzoleum zdobi okryta całunem kamienna urna. Zaczerpnięty z tradycji antycznej motyw urny powrócił w dobie baroku i klasycyzmu, kiedy to przedstawiano ją jako wazę. Wyobrażenie to było sprzeczne z prawdą historyczną, gdyż starożytne urny miały zwykle kształt skrzynek i modeli domów.

14. Grobowiec Henryka Federa (1841-1910) i jego rodziny. Ściana mauzoleum pokryta jest jasnym marmurem, a w dolnej jego części znajdują się drzwi z kołatką, przed którymi na cokole stoi naturalnej wielkości postać kobieca, odziana w powłóczystą szatę. Głowę jej przykrywa chustka, dłonie składa w geście pełnym skupienia. Ponad drzwiami widzimy płytę z profilem głowy zmarłego umieszczonym w medalionie.

15. Kaplica Karola Scheiblera (1820-1881). Neogotyckie mauzoleum rodziny potentata przemysłowego włókienniczej Łodzi góruje niepodzielnie nad całym terenem cmentarnym. Powstałe w 1888 roku jest dziś smutnym dowodem nietrwałości choćby najwspanialszych dzieł człowieka.

W nadziemnej części kaplicy odbywały się nabożeństwa żałobne, a znajdujące się pod nią krypty były przeznaczone dla szczątków potomków wielkiego przemysłowca. Dziś grobowiec skrywa prochy dwudziestu dwóch zmarłych.

Kaplica, zaprojektowana przez warszawskich architektów Edwarda Lilpopa i Józefa Dziekońskiego, powstała na planie krzyża z wydłużonym zakończonym trójbocznie prezbiterium. Do jej budowy użyto piaskowca sprowadzanego z okolic Kielc, marmurów włoskich oraz cegły wypalanej w Łodzi.

Nad wejściem znajduje się wykuty w płycie kamiennej napis *Ruhestatte der Familie Scheibler*, który umieszczono tutaj w czasach okupacji hitlerowskiej. Pierwotnie nad drzwiami widniały słowa: *Pamięci Karola Scheiblera*. Na dachu scena radości ze Zmartwychwstania Pańskiego przedstawia chór aniołów.

Wnętrze kaplicy uległo prawie całkowitemu zniszczeniu. Pierwotnie zdobiły je sceny ze Starego i Nowego Testamentu

Witraże przedstawiały sceny z życia Jezusa. Ołtarz zdobiły naturalnej wielkości postacie czterech ewangelistów. Nad wszystkim górował marmurowy krzyż, a po bokach płonął symboliczny ogień ofiarny. Wokół ścian bocznych znajdowały się stelle wykładane płytami z białego marmuru. Po lewej stronie ołtarza znajdowała się bogato rzeźbiona ambona. Podłogę wyłożono biało-czarną posadzką marmurową, a do części podziemnej prowadziły schody wykonane z białego marmuru.

16. Grób pierwszego pastora parafii św. Jana w Łodzi – Wilhelma Piotra Angersteina (1848-1928).

17. Grobowiec rodzinny Gustawa Geyera (1844-1893). Granitowy monument założony został na planie litery U i umieszczony na podwyższeniu kryjącym kryptę. Centralna część grobowca ma formę półkolistego baldachimu z czterema kolumnami o stylizowanych neoromańskich głowicach (cyborium). Po bokach znajdują się mosiężne drzwi wiodące do krypty.

18. Grób Emila Geyera (1848-1910). Dużą płaszczyznę w centrum pomnika wypełnia napis, a przed nim znajduje się otoczony niskim murkiem, porośnięty trawą plac.

19. Grób Fryderyka Wilhelma Schweikerta (1837-1902) i jego małżonki Amelii. Granitowy pomnik wykonany został przez warszawską firmę J. Rudnickiego. Grób zdobi kamienne popiersie zmarłego, a znajdujące się pod nim kiedyś metalowe litery zerwano.

20. Grobowiec Juliusza Roberta Kindermanna (1866-1932), właściciela dużych zakładów włókienniczych. Pomnik oparty jest na planie litery U z bocznymi skrzydłami ustawionymi pod kątem prostym, środkowa jego część jest poprzedzona wspartym na filarach portykiem.

Po zakończeniu drugiej wojny światowej wiele opuszczonych grobów uległo zniszczeniu. Nie istnieją już groby Jana Petersilgego (1830-1905), założyciela pierwszej łódzkiej gazety „Łódzkie Ogłoszenia – Lodzer Anzeiger" ani architekta Jana Wende (zm. ok. 1920), współtwórcy ewangelickiego kościoła św. Mateusza oraz łódzkiej katedry.

Ziemia cmentarza przy ulicy Srebrzyńskiej skrywa szczątki założycieli i budowniczych przemysłowej Łodzi. Nie można jednak zapominać, że nie są to jedyne znajdujące się tam groby. Ukryte w gąszczu traw kamienne płyty przywodzą na myśl zwykłych mieszkańców dziewiętnastowiecznego miasta, którzy przybyli do „Ziemi Obiecanej" w poszukiwaniu szczęścia i godziwych warunków pracy, a zastali często jedynie nędzę.

Większość grobów zniszczono, nazwiska wyryte na tych, które oparły się bezlitosnemu biegowi historii, pozostają nieme. Nie dowiemy się nigdy, jakie były losy noszących je ludzi. Można jedynie zadumać się parę chwil nad porośniętym mchem i dzikim bluszczem kamieniem, jedynym śladem, jaki pozostawili oraz pomyśleć o tych, o których istnieniu nie świadczy dziś nawet niemy głaz.

Cmentarz katolicki – ul. Ogrodowa 54

Obok cmentarza ewangelickiego znajduje się przy ulicy Ogrodowej cmentarz katolicki, na którym także spoczywają łodzianie pochodzenia niemieckiego. Do nich należy przemysłowiec Juliusz Heinzel (1834-1895), twórca fortuny rodzinnej, jego żona Paulina, a także Juliusz Teodor Heinzel (1861-1922). Utrzymany w neorenesansowym stylu grobowiec jego rodziny jest najbardziej interesującym zabytkiem tej części cmentarza. Fundatorką kaplicy była wdowa po Juliuszu Heinzlu – Paulina. Pierwotnie chciała ona uczcić pamięć zmarłego wznosząc kościół katolicki. Projekt nie został jednak zrealizowany z przyczyn finansowych. Zbudowane w porządku doryckim mauzoleum powstało w latach 1899-1904 według projektu berlińskiego architekta – Franciszka Schwechtena. Prace budowlane wykonywały kolejno: firma Otto Gehliga – architekta z Wrocławia i Łodzi oraz łódzka firma budowlana „Wende i Zarske".

Kaplica znajduje się w pobliżu głównej alei. Idąc w jej kierunku, będziemy mijać wiele znacznie późniejszych pomników, ozdobionych epitafiami w języku niemieckim, które pochodzą z drugiej połowy XIX wieku. Mają one formy znane nam już z ewangelickiej części cmentarza, a więc obelisków, kapliczek lub krzyży.

55 Cmentarz ewangelicki – ul. Sopocka

Drugi z ocalałych cmentarzy ewangelickich powstał w Rudzie Pabianickiej (obecnie ul. Sopocka w Łodzi). Należący do parafii św. Mateusza cmentarz zajmuje niewielki obszar, na którego większej części znajdują się groby powstałe po drugiej wojnie światowej. Jest tam jednak kilka pomników pochodzących z lat trzydziestych tego stulecia, a nawet nieliczne groby z końca minionego wieku.

Przy murze, po lewej stronie bramy, spoczywa dwóch pastorów: zmarły w 1940 roku Jan Zahnder oraz Jan Schulte zmarły w 1941 roku.

W środkowej części cmentarza zwrócony tyłem do bramy stoi interesujący pomnik przedstawiający spowitą żałobnym kirem postać kobiecą, trzymającą w dłoni księgę. Na grobie niestety nie zachowały się nazwiska spoczywającej w jego cieniu rodziny.

Naprzeciwko bramy stoi pomnik w kształcie złamanego pnia drzewa, zwieńczonego wieńcem laurowym. Napisy, niestety, i tutaj są nieczytelne.

Cmentarz komunalny – Doły 56

*N*a cmentarzu komunalnym na Dołach ocalało niewiele niemieckich grobów. Dwa z nich usytuowane są wzdłuż muru, przy wejściu do kancelarii cmentarnej. Przy bramie od strony ulicy Telefonicznej znajduje się należący do parafii ewangelicko-augsburskiej placyk, gdzie pochowane są Ewangelickie Siostry Diakonisy, jednak ich pochodzenie pozostaje nieznane.

Spacerując po cmentarzu napotykamy często nazwiska niemieckie o spolszczonej pisowni, a także groby, na których nazwiska napisane są zgodnie z zasadami ortografii niemieckiej, lecz epitafia – w języku polskim.

Na uwagę zasługuje symboliczny grób rodziny Ottów przy głównej alei. Pomnik w kształcie obelisku zdobi miejsce spoczynku niemieckiej rodziny, której poświęcono fragment ewangelii św. Jana:

Ledwie w młodzieńczych lat kwiecie
Zaczęliście życie na świecie
Gdy nieubłaganej śmierci moc
W wieczności już was wzięła noc
Ach! Żal nasz dzieci drogie
Skończy się chyba we wspólnym grobie

*N*a Dołach, przy ul. Telefonicznej znajduje się również cmentarz baptystów. Na niewielkim terenie zachowało się jedynie kilka grobów łodzian pochodzenia niemieckiego. 57

Na tutejszym cmentarzu prawosławnym (ul. Telefoniczna) pochowani są we wspólnej mogile rosyjscy i niemieccy żołnierze, polegli w pierwszej wojnie światowej. 58

Ewangelicki cmentarz na Radogoszczu, przy ul. Zgierskiej, został zlikwidowany po 1945 roku. Od 1913 roku część cmentarza należała do ewangelickiej parafii św. Michała na Radogoszczu. Dziś cały teren zajmowany jest przez parafie katolickie. 59 Podobny los spotkał cmentarz ewangelicki w Nowosolnej (przyłączonej do Łodzi w 1988 roku). 60

Przy ul. Żórawiej (obecnie ul. Rejtana) istnieje cmentarz łódzkiej parafii ewangelicko-reformowanej. Kiedyś znajdowało się na nim kilka grobów niemieckojęzycznych łodzian, lecz dziś nie można ich już odnaleźć pośród bujnej roślinności. 61

62 Cmentarz ewangelicki – ul. Piękna

*N*ajsmutniejszym miejscem zadumy na terenie miasta jest utworzony w 1986 roku na terenie cmentarza ewangelickiego park przy ulicy Pięknej. Miejsce to dzisiaj nie jest zadbanym ogrodem, w którym łodzianie mogliby spędzać niedzielne popołudnia, lecz otoczonym cmentarnym murem laskiem, gdzie pośród drzew znajdują się puste cokoły, ukryte w trawach i listowiu tablice mające upamiętniać zmarłych na początku wieku łodzian, a nawet pozbawione nagrobków mogiły. Powstały w 1896 roku cmentarz należał początkowo do parafii św. Jana, a po powstaniu parafii św. Mateusza teren cmentarny podzielono. Ślady istniejących tu niegdyś mogił zmuszają do refleksji nad biegiem historii i nietrwałością ludzkiego życia oraz tego, co po nim pozostaje. Zmarli zdają się przemawiać do nas słowami wyrytymi na omszałych kamieniach.

Weinet nicht an meinem Grabe *Nie płaczcie nad mym grobem*
Gönnet mir die ewige Ruh *Niechaj mój spokój nie budzi zawiści*
Denkt was ich gelitten habe *Wspomnijcie, ile wycierpiałem*
Eh ich schloss die Augen zu. *Nim zamknąłem powieki*

Głosi jedno z epitafiów. Czy dziś jeszcze ktoś wspomni człowieka, którego ostatni ślad na ziemi zatarto niszcząc miejsce jego wiecznego spoczynku?

63

*R*ównie smutno wygląda dziś stary cmentarz przy ul. Brukowej (naprzeciw numeru 83). Pomiędzy drzewami widać gdzieniegdzie omszałe kamienne płyty, lecz wyryte na nich kiedyś napisy zatarł już czas. Jedynym zachowanym nagrobkiem jest pomnik poświęcony dziewięciorgu dzieciom zmarłym u schyłku minionego stulecia, z których najstarsze miało zaledwie dwa lata. Jaki los je spotkał, dlaczego śmierć zabrała je tak wcześnie, kim byli ich rodzice? Te pytania pozostaną już na zawsze bez odpowiedzi.

64

Przy ul. Rokicińskiej (w przyłączonym do Łodzi w 1988 roku Andrzejowie) zachowało się kilka grobów z istniejącego tu jeszcze po wojnie cmentarza ewangelickiego. Znajdujący się po prawej stronie drogi prowadzącej do Tomaszowa Mazowieckiego (pomiędzy ul. Gwarną i Włodarską) cmentarz nie jest widoczny z ulicy. Aby dostać się na jego teren, należy przejść przez wiodącą do gospodarstwa bramę. Za domem (zbudowanym w miejscu, gdzie istniał kiedyś kościół ewangelicki) znajduje się kilka grobów pochodzących sprzed drugiej wojny światowej. Tutaj spoczywa m.in. rodzina właściciela miejscowej fabryki nazwiskiem Krause. W funkcjonującym jeszcze zakładzie produkowana jest dziś ceramika budowlana.

Cmentarz wojenny – Rzgów 65

Okolice Łodzi były terenami walk podczas pierwszej i drugiej wojny światowej. O stoczonych na tym terenie bitwach świadczą liczne, dziś dawno zapomniane, częstokroć bezimienne mogiły.

Najwięcej grobów pozostawiła po sobie „wielka wojna". 11 listopada 1914 roku wojska niemieckie rozpoczęły „operację łódzką". Łódź została odcięta przez toczące się wokół niej walki, a od 21 do 26 listopada działania wojenne toczyły się prawie na jej przedmieściach, w okolicach Chojen i Rzgowa. Ostatecznie po odniesionym zwycięstwie wojska niemieckie wkroczyły do miasta 6 grudnia, aby pozostać w nim aż do ostatnich dni wojny. Żołnierze armii niemieckiej i rosyjskiej spoczywają wspólnie w miejscu, gdzie kiedyś przeciw sobie walczyli, a wzgórze, na którym znajdują się ich groby, nazwano Gräberberg (góra grobów).

Ziemia powstałego na przełomie 1914 i 1915 roku cmentarza skrywa także prochy żołnierzy przeniesione z prowizorycznych cmentarzy wojennych na Żabieńcu, Olechowie i w Łodzi.

Mur cmentarny widoczny jest po prawej stronie wiodącej na południe kraju drogi nr 1. Aby dotrzeć do bramy cmentarza, należy zjechać z trasy na drogę Rzgów-Ruda Pabianicka.

Na szczycie wzgórza znajduje się zwieńczony krzyżem pomnik. Po prawej stronie pochowani są żołnierze armii carskiej. Na szczycie po obu stronach pomnika stoi szereg żołnierskich mogił. Na pomniku przybito tablice upamiętniające śmierć walczących na polskich ziemiach żołnierzy armii cesarskiej. Napisy głoszą:

HIER RUHEN IN GOTT 2000 TAPFERE KRIEGER
(W TYM MIEJSCU SPOCZYWA W BOGU 2000 DZIELNYCH ŻOŁNIERZY)
PRO PATRIA

Spośród wielu grobów żołnierskich jedynie nieliczne oparły się zawirowaniom historii oraz niszczącemu działaniu czasu. Do dziś istnieją mogiły w Łagiewnikach i Wiączyniu. Ślady większości rozsianych na łódzkiej ziemi grobów zostały zatarte, zapomniano o wojnie i jej ofiarach. Jedynie pozostałe gdzieniegdzie samotne głazy przypominają o rozstaniach, niepewności, strachu i bezimiennej śmierci na obcej ziemi.

Mówią o tragediach ludzkich, o tym, że śmierć na „polu chwały" jest jednakowo straszna dla zwycięzców, jak i pokonanych.

Spacerując pomiędzy grobami przypominamy sobie o zasłużonych mieszkańcach Łodzi, jak Karol Scheibler czy Juliusz Kunitzer... Próbujemy odgadnąć historię ludzi, których nazwiska niewiele już dzisiaj mówią. Stajemy się, choć na chwilę, uczestnikami minionych zdarzeń, by w spokoju cmentarnej alei odnaleźć dawno zapomnianą część samych siebie – przeszłość.

Ewa Jankowiak
Anna Soluch

Die letzten Ruhestätten

D. h. auf den Spuren deutscher Friedhöfe

**Srebrzyńska • Ogrodowa • Sopocka • Doły
Telefoniczna • Zgierska • Nowosolna • Rejtana
Piękna • Brukowa • Rokicińska • Rzgów**

*F*riedhöfe sind sonderbare von den Lebenden besuchte Stätten. Ein Spaziergang in den Alleen zwischen den Bäumen und Steingrabmälern ist nicht nur ein Anlaß zur Bewunderung der Vielfalt von Kunstbaustilen, sondern auch eine Reise tief in unser Inneres, eine Reise in geheimnisvolle Bereiche, die der Tod darstellt.

Die Lodzer Friedhöfe erzählen die Geschichte der Stadt, die in einem Jahrhundert wuchs. Ihre Entstehung ist mit dem Zustrom der Massen in das seit Anfang des neunzehnten Jahrhunderts entstehnde Industriezentrum verbunden.

Auf dem nun letzten von uns vorgeschlagenem Weg, begeben wir uns zu folgenden Friedhöfen:

53.	Der alte evangelische Friedhof an der ul. Srebrzyńska	160
54.	Der katholische Friedhof an der ul. Ogrodowa	165
55.	Der evangelische Friedhof an der ul. Sopocka	166
56.	Der Komunalfriedhof in Doły	167
57.	Der Baptistenfriedhof an der ul. Telefoniczna	167
58.	Der orthodoxe Friedhof an der ul. Telefoniczna	167
59.	Der katholische Friedhof in Radogoszcz	167
60.	Der evangelische Friedhof in Nowosolna	167
61.	Der evangelische Friedhof an der ul. Rejtana	167
62.	Der evangelische Friedhof an der ul. Piękna (heute ein Park)	168
63.	Der Friedhof an der ul. Brukowa (bis heute nur einige Grabmäler erhalten)	168
64.	Der evangelische Friedhof an der ul. Rokicińska	168
65.	Der Soldatenfriedhof in Rzgów	169

53 Der alte evangelische Friedhof – ul. Srebrzyńska

*A*m schönsten und am interessantesten ist ohne Zweifel der evangelische Friedhof an der ul. Srebrzynska. Die Grabmäler verschwinden hier hinter einem reichen Pflanzenwuchs, die diesem Platz einen unwiederholbaren Reiz verleiht, und zum Nachdenken darüber einlädt, was uns nach dem Durchschreiten jener gehimnisvollen Tür erwartet, die das Bekannte vom Unerforschbaren trennt.

Der Friedhof wurde 1855 eingeweiht.Damals bestand er aus drei Teilen: dem evangelischen Teil, der zur St. Trinitatisgemeinde gehörte, dem russisch-orthodoxen Teil, dem katholischen Teil.Der evangelische Teil wurde in den achtziger Jahren geteilt, nachdem eine zweite evangelisch-augsburgische Gemeinde mit der St. Johanneskirche gegründet wurde, die sich an der ul. Mikolajewska (heute Sienkiewicza) befand.

Seine gegenwärtige Form bekam der Friedhof 1892. Heute ruhen auf dem Friedhof, der zur evangelischen St. Matthäipfarrei gehört, die verdienstvollsten Einwohner der Stadt.

1: Das Grabmal des in Berlin geborenen Ludwig Geyer (1805-1869) und seiner Gattin Emilia stammt aus der Mitte der achtziger Jahre des letzten Jahrhunderts. Das Grabmal hat die Form einer vier Meter hohen neugotischen Kapelle. Sie wird von einem Relief geziert, das einen Engel mit einem Band in der Hand darstellt.

2: Das Grabmal des ersten Pfarrers der Lodzer St. Trinitatisgemeinde, Friedrich Gottlob Metzner (1797-1832) ist mit einem Kreuz aus schwarzen Marmor verziert.

3: Das Grabmal des nächsten Pfarrers derselben Gemeinde, Klemens Bertold Rondtaler (1839-1900).

4: Das Grabmal des Pfarrers der Gemeinde in Brzeziny, Paul Hadrian (1868-1924).

5: Aus den Anfängen des Friedhofs stammt das Familiengrab der Familie Steinert. Hier wurde einer der bedeutendsten Industriellen, Karl Gottlieb Steinert (1808-1865), Besitzer bedeutender Textilfabriken, begraben.

6: Das Granitgrabmal von Gustav Schweigert (1845-1888). Das Grabmal stellt eine Tür dar, vor der eine weibliche Gestalt aus weißem Marmor steht. Die Frau ist in eine Trauerkleidung gekleidet. In der linken Hand hält sie einen Kranz und die rechte streckt sie in Richtung Tür aus. Die Skulptur stellt das Porträt der Wittwe, Augustina Schweigert, dar.

7. Das Grabmal der Familie Ludwig Grohman (1826-1889), eines der größten Potentaten der Lodzer Industrie. Das Grabmal ist gegen das Eingangstor gerichtet und ist eine weit ausgebreitete Komposition auf einem hohen Sockel. In die Wände wurden Granittafeln eingelassen, die den Verstorbenen gewidmet sind. An der Vorderseite des Denkmals steht eine Christusfigur in Lebensgröße, die ein faltenreiches Kleid trägt. Jesus streckt die Hand zum Segen aus. Außerdem ziert das Grabmal die Büste Ludwig Grohmans, in der Form eines von einem Lorbeerkranz umrahmten Medaillons.

8. Das Grabmal der Sophie Biedermann, geb. Meyer, die zusammen mit ihrem Vater Ludwig Meyer (1841-1911) und ihrer Mutter Mathilde in einem gemeinsamen Grab ruht.

Die das Grabmal zierende Skulptur stellt einen Engel dar. Er neigt sich über zwei Kindern, die am Rande einer Felsenkluft sitzen. Der Engel in antiker Kleidung stellt die im Alter von 27 Jahren verstorbene Sophie Biedermann dar, die Frau von Alfred Biedermann (1866-1936), die bei ihrem Tod zwei Söhne hinterließ. Der ältere Ralph war fünf, als die ihn darstellende Skulptur entstanden ist; der dreijährige Helmut wurde „auf allen vieren" dargestellt. Die Skulptur zeigt auf eine interessante Art und Weise das Motiv des Schutzengels, der auf die Kinder achtet, die sich in Gefahr befinden.

9. Das Grab des Arztes Karl Jonscher (1850-1907), des Mitbegründers des Arbeiterkrankenhauses St. Maria und des pädiatrischen Anna-Maria-

Krankenhauses. Die aus braunem Granit hergestellte Platte, die auf dem großen Sockel steht, wurde mit einer Urne verziert. Auf dieser befindet sich ein Relief, das Dr. Jonscher mit seinen Patienten darstellt.

10. Das Grabmal Julius Kunitzers (1843-1905), des Begründers des industriellen Widzew und des Miteigentümers der Aktiengesellschaft Heinzel & Kunitzer.

Das mit hellem Granit bedeckte Mausoleum wurde nach einem quadratischen Grundriß errichtet. Vorne befindet sich eine Laterne, die früher mit Mosaikfenstern geschmückt war.

Unter der Kapelle befindet sich eine Totengruft, zu der die sich in der Kapelle befindenden Treppen führen. Leider wurde die Ausschmückung der Kapelle nach dem Krieg vollständig zerstört. Auch die Gittertür im barocken Stil, deren Wert einst mit vier vierspännigen Wägen angegeben wurde, ist weitgehend zerstört.

11. Das Grabmal der Familie Karl Eisert (1865-1935), des bekannten Wollproduzenten der Stadt. Das Grabmal hat die Form einer Pyramide, die mit schwarzem, polliertem Granit bedeckt ist. Es wird von einem Kreuz und einer Urne verziert, die auf einem niedrigen Podest steht. Ursprünglich stand an ihrer Stelle eine Skulptur aus Bronze, die von dem isländischen Künstler Einar Jonsson 1935 geschaffen wurde. Nach dem Krieg wurde die Skulptur in die evangelisch-augsburgische St. Matthäikirche verlegt und in eine Nebennische gestellt. Die Skulptur stellte drei allegorische Gestalten dar: im Vordergrund befand sich eine liegende Frauengestalt, hinter der ein Todesengel mit einem durch ein Tuch verhüllten Gesicht stand. Hinter dem Todesengel befand sich eine aufrecht stehende Frau, die die Hände nach vorne ausstreckte.

12. Ein schwarzes Marmorkreuz, das Pfarrer Gustaw Rudolf Gundlach (1850-1922) gewidmet ist, der von 1882 an Pastor an der Hl. Dreifaltigkeitspfarrei war.

13. Die Ruhestätte des Lodzer Kaufmanns und Industriellen Gustav Lorenz (1839-1905). Das große Mausoleum schmückt eine Urne, die mit einem Tuch bedeckt ist. Das Motiv der Urne stammt aus der Antike, und sie gewinnt in der Zeit des Barock und des Klassizismus an Popularität, in der sie als Vase dargestellt wurde, was natürlich in Widerspruch zur historischen Tradition steht, weil die antiken Urnen ihrer Form nach Häusern oder Kästen ähnlich waren.

14. Das Grabmal Heinrich Feders (1841-1910) und seiner Familie. Die Wand des Grabmals ist mit hellem Marmor überzogen, und in seinem unteren Teil befindet sich die Tür mit einem Klopfer. Auf dem Sockel steht die Gestalt einer Frau in natürlicher Größe. Sie trägt ein faltenreiches Kleid. Ihr Kopf ist mit einem Tuch bedeckt und ihre Hände sind in einer Gebärde voller Sammlung gefaltet. Über der Tür sehen wir eine Platte mit einer Inschrift und einem Medaillon, in dem das Kopfprofil des Vertorbenen sichtbar wird.

15. Die Kapelle Karl Scheiblers (1820-1881). Das neugotische Mausoleum der Familie des industriellen Potentaten der Textilstadt Lodz überragt uneingeschränkt das ganze Friedhofsgelände. 1888 enstanden, ist es heute ein trauriger Beweis für die Vergänglichkeit auch der prächtigsten menschlichen Werke.

Im oberirdischen Teil der Kapelle wurden Trauergottesdienste abgehalten. Die darunter befindlichen Krypten wurden für die sterblichen Überreste der Nachkommen des großen Industriellen vorgesehen. Heute birgt das Grabmal die Überreste von zwanzig Verstorbenen.

Die Kapelle, entworfen von den Warschauer Architekten Edward Lilpop und Józef Dziekoński, entstand nach dem Grundriß eines Kreuzes, mit einem verlängerten und dreieckig ausgeführten Presbiterium. Man verwendete zu ihrer Errichtung Sandstein aus der Gegend von Kielce, italienischen Marmor und in Lodz gebrannte Ziegel. Über dem Eingang befindet sich die in einer Steinplatte eingravierte Inschrift: Ruhestätte der Familie Scheibler. Ursprünglich gab es über der Tür eine Inschrift, die an Karl Scheibler erinnerte. Auf dem Dach befindet sich eine Szene, in der ein Engelchor die Freude über die Auferstehung Christi ausdrückt.

Das Innere der Kapelle wurde fast völlig zerstört. Einst waren hier Szenen aus dem Alten und Neuen Testament zu sehen. Die Kapellenfenster stellten Szenen aus dem Leben Christi dar. Um den Altar herum standen Gestalten der vier Evangelisten in natürlicher Größe. Über all dem dominierte ein Marmorkreuz. Zu beiden Seiten brannte ein symbolisches Opferfeuer. An den Seitenwänden befanden sich Stelen, die mit weißen Marmorwandfliesen belegt waren. Auf der linken Seite des Altars war eine reich geschmückte Kanzel. Der Boden wurde mit weiß-schwarzen Marmorfliesen ausgelegt, und zum unteren Teil der Kapelle führten weiße Marmortreppen.

16. Das Grab des ersten Pastors der Hl. Johannes Pfarrei in Lodz Wilhelm Peter Angerstein (1848-1928).

17. Das Grabmal der Familie Gustav Geyer (1844-1893). Das Monument aus Granit hat einen u-förmigen Grundriß. Es befindet sich auf einer Erhöhung, die die Krypta bedeckt. Der Zentralteil des Grabmals hat die Form eines halbkreisförmigen Baldachins mit vier Säulen, deren Kapitel neoromanisch stilisiert sind. Auf beiden Seiten befinden sich Messingtüren, die in die Totengruft führen.

18. Das Grab Emil Geyers (1848-1910). Einen großen Raum im Zentrum des Grabdenkmals nimmt eine Inschrift ein. Vor ihm befindet sich ein kleiner Platz, von einer Mauer umringt und mit Gras bewachsen.

19. Das Grab Wilhelm Schweikerts (1837-1902) und seiner Frau Amalie. Das Granitgrabmal wurde von der Warschauer Firma J. Rudnicki errichtet. Die Ruhestätte ist mit einer Büste des Verstorbenen verziert. Die metalene Inschrift, die sich hier einst befand, wurde leider zerstört.

20. Das Grabmal von Robert Julius Kindermann (1866-1932), dem Besitzer großer Textilfabriken. Das Grabmal hat einen u-förmigen Grund-

riß. Seine Nebenflügel bilden einen rechten Winkel und vor seinem Mittelteil gibt es einen auf Tragsäulen gestützten Portikus.

Nach dem zweiten Weltkrieg wurden viele Grabmäler zerstört. So gibt es weder das Grabmal des Johann Petersilge (1830-1905), des Gründers der ersten Zeitung in Lodz, noch das des Architekten Johannes Wende, des Miterbauers der evangelischen St. Matthäikirche und der Lodzer Kathedrale.

Der Friedhof in der ul. Srebrzynska birgt die Überreste der Gründer und der Erbauer der Industriestadt Lodz. Man kann jedoch nicht vergessen, daß es nicht die einzigen sich dort befindlichen Gräber sind. Die im Grasdickicht verborgenen Steinplatten erinnern an die „gewöhnlichen" Einwohner der Stadt des 19. Jahrhunderts. Diese Leute, die hier in das „Gelobte Land" kamen, um Glück und würdige Arbeitsbedingungen zu finden, haben vor allem Elend und einen ständigen Kampf um Unterkunft, Essen und Arbeit gefunden.

Die Mehrheit der Gräber wurde zerstört, die Namen auf denen, die den erbarmungslosen Wechselfällen der Geschichte trotzten, sagen uns nichts. Wir werden nie erfahren, welches Schicksal die Träger dieser Namen erlitten. Man kann nur für einige Augenblicke vor dem bemoosten und mit Efeu bewachsenen Stein, ihrer einzigen Spur, ins Nachsinnen verfallen, und man kann auch an die zu denken versuchen, von deren Existenz nicht einmal ein stummer Stein Zeugnis ablegt.

Der katholische Friedhof – ul. Ogrodowa 54

Neben dem evangelischen befindet sich in der ul. Ogrodowa auch ein katholischer Friedhof, auf dem ebenfalls Lodzer deutscher Herkunft ruhen. Zu ihnen gehört der Industrielle Julius Heinzel (1834-1895), der Gründer des Familienvermögens, seine Frau Pauline und Julius Theodor Heinzel (1861-1922). Das im romanischen Stil gehaltene Grabmal der Familie Heinzel ist das interessanteste Denkmal in diesem Friedhofsteil. Die Stifterin der Kapelle war Julius Heinzels Witwe Paulina. Ursprünglich wollte sie eine katholische Kirche bauen, um das Andenken des Verstorbenen in Ehren zu halten. Aus finanziellen Gründen wurde das Projekt jedoch nicht durchgeführt. Das im dorischen Stil erbaute Mausoleum entstand in den Jahren 1899-1904 nach dem Entwurf des Berliner Architekten Franz Schwechten. Die Arbeiten führten zwei Firmen aus, die Firma des Breslauer und Lodzer Architekten Otto Gehling und die Baufirma Wende & Zarske aus Lodz.

Die Kapelle befindet sich in der Nähe der Hauptallee. Wenn wir in diese Richtung gehen, kommen wir an vielen späteren Denkmälern mit deutschen Inschriften vorbei. Sie entstanden in der zweiten Hälfte des 19. Jahrhunderts. Sie haben Formen, die wir schon aus dem evangelischen Teil des Friedhofs kennen, also Obelisken, Kapellen oder Kreuze.

55 Der evangelische Friedhof – ul. Sopocka

*D*er zweite der bis heute erhaltenen evangelischen Friedhöfe entstand in Ruda Pabianicka (heute ul. Sopocka in Lodz). Der zur St. Matthäi Pfarrgemeinde gehörende Friedhof nimmt ein kleines Gebiet ein. In seinem größeren Teil befinden sich die Gräber, die nach dem zweiten Weltkrieg entstanden sind. Es gibt dort jedoch einige Grabmäler, die aus den dreißiger Jahren unseres Jahrhunderts, und auch einige, die aus dem Ende des vergangenen Jahrhunderts stammen.

Bei der Mauer, links vom Tor, ruhen zwei Pastoren: Der 1940 verstorbene Johannes Zahnder und der 1941 verstorbene Hans Schulte.

Im Zentrum des Friedhofs steht mit der Rückseite zum Tor ein interessantes Grabdenkmal. Es stellt eine in ein Trauertuch gehüllte Frauengestalt dar, die ein Buch in der Hand hält. Auf dem Grab haben sich keine Namen der in seinem Schatten ruhenden Familie erhalten.

Dem Tor gegenüber steht ein Grabdenkmal in der Form eines gebrochenen Baumstammes, der mit einem Lorberkranz verziert wurde. Auch hier ist die Inschrift leider unleserlich.

Der Komunalfriedhof – Doły 56

*A*uf dem Friedhof in Doły haben sich wenige deutsche Gräber erhalten. Sie liegen entlang die Mauer am Gang zur Friedhofsverwaltung. Am Tor, das von der ul. Telefoniczna in den Friedhof führt, befindet sich der Platz, der zur evangelisch-augsburgischen Pfarrgemeinde gehört und auf dem die evangelischen Diakonissenschwestern begraben sind. Ihre Herkunft bleibt jedoch unbekannt. Beim Spaziergang durch den Friedhof begegnen wir oft Namen in polnischer Schreibweise, aber auch solchen, die nach deutscher Orthographie geschrieben sind. Die Inschriften sind jedoch polnisch.

Bemerkenswert ist der symbolische Charakter des Grabmals der Familie Otto, das sich an der Hauptallee befindet. Der Grabstein in Obeliskenform, verziert die Ruhestätte einer deutschen Familie, der ein Fragment aus dem Johannesavangelium gewidmet wurde:

Kaum in der Jugend Pracht
Zu leben in der Welt begonnen,
Als euch grausame Todesmacht
In der Ewigkeit Nacht genommen.
Ach, Kinder, wir werden euch beklagen
Bis im gemeinsamen Grabe Tagen.

*I*n Doły befindet sich an der ul. Telefoniczna auch der **Baptistenfriedhof**. Auf einem kleinen Platz sind nur einige Gräber von Lodzern deutscher Abstammung erhalten. 57

Auf dem hiesigen **orthodoxen Friedhof** (ul. Telefoniczna) sind in einem gemeinsamen Grab deutsche und russische Soldaten bestattet, die im ersten Weltkrieg gefallen sind. 58

Der **evangelische Friedhof in Radogoszcz** an der ul. Zgierska wurde nach 1945 aufgelöst. Seit 1913 gehörte ein Teil des Friedhofs der evangelischen St. Michael Gemeinde in Radogoszcz. Heute wird die Gesamtfläche von den katholischen Pfarreien beansprucht. Ein ähnliches Schicksal widerfuhr dem **evangelischen Friedhof in Nowosolna** (1988 nach Lodz eingemeindet). 59 60

An der ul. Żurawia (heute ul. Rejtana) befindet sich der **Friedhof der evangelisch reformierten Gemeinde**. Einst gab es hier einige Gräber mit deutschsprachigen Inschriften, aber heute kann man sie in dem üppigen Pflanzenwuchs nicht mehr finden. 61

62   Der evangelische Friedhof – ul. Piękna

*D*er traurigste Ort zum Nachdenken im ganzen Stadtgebiet ist der Park in der ul. Piekna, der 1986 auf dem Gebiet des evangelischen Friedhofs entstand. Dieser Ort gehört nicht zu den gepflegten Gärten, in denen die Lodzer ihre Sonntagnachmittage verbringen könnten. Es ist vielmehr ein mit einer Mauer umringter Wald, in dem sich zwischen den Bäumen die leeren Sockel befinden, in dem im Gras und Blättern verborgene Tafeln an die am Anfang des Jahrhunderts verstorbenen Lodzer erinnern sollten, in dem es schließlich Gräber ohne Grabsteine gibt. Der 1896 entstandene Friedhof gehörte ursprünglich zur St. Johannes Pfarrei. Nach der Entstehung der St. Matthäi-Kirche wurde der Friedhof geteilt. Die Spuren der Grabstätte regen heute zum Nachdenken über die Vergänglichkeit des menschlichen Lebens an, und zum Nachdenken darüber, was nach uns übrig bleibt. Die Toten scheinen zu uns mit den Worten zu sprechen, die in die bemoosten Steine eingraviert sind:

> *Weinet nicht an meinem Grabe,*
> *Gönnet mir die ewige Ruh.*
> *Denkt, was ich gelitten habe,*
> *Eh ich schloß die Augen zu.*

So lautet eine der Inschriften. Gibt es heute noch jemanden, der des Menschen gedenkt, dessen Spur auf der Erde verwischt wurde, indem man seine Ruhestätte zerstörte?

63

*E*benso traurig sieht heute der Friedhof an der ul. Brukowa (gegenüber der Nr. 83) aus. Unter den Bäumen sieht man hier und da moosbedeckte Steinplatten, aber die Inschriften sind durch die Zeiteinflüsse verwischt worden. Der einzig erhaltene Grabstein ist ein Grabdenkmal, das neun Kindern gewidmet ist, die am Ende des vorigen Jahrhunderts gestorben sind. Das älteste der Kinder wurde nur zwei Jahre alt. Was für ein Schicksal hat sie getroffen? Warum hat sie der Tod so früh gerufen? Wer waren ihre Eltern? Diese Fragen bleiben für ewig unbeantwortet.

64

An der ul. Rokicińska (in dem 1988 eingemeindeten Andrzejów) sind noch einige deutsche Gräber aus dem evangelischen Friedhof übrig geblieben, der sich hier nach dem Krieg noch befand. Der evangelische Friedhof, der sich auf der rechten Seite des Weges nach Tomaszow Mazowiecki (zwischen ul. Gwarna und ul. Włodarska) befindet, ist von der Straße aus nicht zu sehen. Um ihn zu erreichen, muß man ein Privatgelände überqueren. Hinter einem Haus, das auf dem Platz der früheren evangelischen Kirche erbaut wurde, befinden sich einige Gräber aus der Zeit vor dem zweiten Weltkrieg. Auf diesem Friedhof ruht die Familie des Besitzers der hiesigen Fabrik Krause. In der Fabrik wird bis heute Baukeramik hergestellt.

Der Soldatenfriedhof – Rzgów 65

Die Umgebung von Lodz war während des ersten und des zweiten Weltkriegs Kampfschauplatz. Von den hier geschlagenen Schlachten zeugen zahlreiche, heute längst vergessene und namenlose Gräber.

Die meisten Gräber stammen aus der Zeit des „grossen Krieges". Am 11. November 1914 begann die deutsche Armee die „Operation Lodz". Lodz wurde durch die rund um die Stadt geführten Kriegshandlungen eingekesselt. Vom 21. bis zum 26. November wurden die Kriegshandlungen fast am Stadtrand und in der Nähe von Chojny und Rzgow geführt. Nach dem endgültigen Sieg traten die deutschen Soldaten am 6. Dezember in die Stadt ein und blieben hier bis zum Ende des Krieges. Die Soldaten der russischen und der deutschen Armee ruhen nun gemeinsam auf dem früheren Kampfplatz. Der Hügel, auf dem sich ihre Gräber befinden, wird Gräberberg genannt. Die Erde des 1914-1915 errichteten Friedhofs birgt auch die sterblichen Überreste der Soldaten, die von den provisorischen Soldatenfriedhöfen in Żabieniec, Olechów und Lodz hierher verlegt wurden.

Die Friedhofsmauer sieht man rechts von der nach Süden führenden Autostraße Nr. 1. Um zum Tor zu gelangen, muß man die Straße Nr. 1 auf dem Weg nach Rzgow – Ruda Pabianicka verlassen.

Auf dem Gipfel steht ein Denkmal, das von einem Kreuz gekrönt ist. Rechts liegen die Soldaten des Zaren. Auf dem Gipfel, auf beiden Seiten des Denkmals, befindet sich eine Reihe von Soldatengräbern. Auf dem Denkmal wurde eine Platte angebracht mit der Inschrift:

HIER RUHEN IN GOTT 2000 TAPFERE KRIEGER
(W TYM MIEJSCU SPOCZYWA W BOGU 2000 DZIELNYCH ŻOŁNIERZY)
PRO PATRIA

Auf unserem Gang durch die Friedhöfe, gedenken wir der verdienstvollen Einwohner von Lodz wie Karl Scheibler oder Julius Kunitzer. Wir versuchen die Geschichte der Menschen zu erraten, deren Namen für uns nicht viel bedeuten. Wir bemühen uns, das Schicksal der namenlosen Soldaten zu verstehen. Wir werden kurz Teilnehmer der vergangenen Geschehnisse, um in dem Frieden einer Friedhofsallee einen längst vergessenen Teil unser selbst wiederzufinden – die Vergangenheit.

Wokół Łodzi

Die Umgebung von Lodz

Maschinenfabrik u. Eisengießerei
Waldemar Krusche
PABIANICE

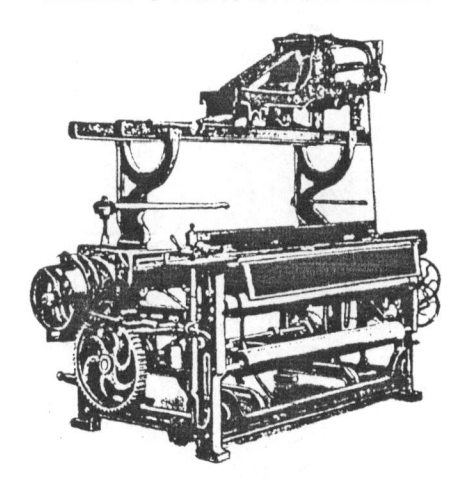

Wokół Łodzi

Proponujemy odwiedzić jeszcze kilka podłódzkich miejscowości związanych z niemieckimi osadnikami

Aleksandrów Łódzki

Osada Aleksandrów powstała w roku 1817. Jest położona około 11 km na pół.-zachód od Łodzi, na gruntach wsi Brużyca Wielka. Jej właściciel – Rafał Bratoszewski – sprowadził na początku XIX w. rzemieślników niemieckich, którym zapewnił korzystne warunki osadnictwa. Aleksandrów otrzymał prawa miejskie w 1823 roku. Jednakże w roku 1870 stracił je i odzyskał dopiero w Polsce niepodległej.

Aleksandrów był siedzibą przemysłu pończoszniczego, co wyróżniało go spośród innych miejscowości okręgu łódzkiego. Przeważały tutaj małe warsztaty zatrudniające niewielką liczbę robotników. Do dziś przetrwało kilka budynków przypominających obecność ludności niemieckiej. Przy ul. Łęczyckiej 1 znajdowała się fabryka pończoch Adolfa Greilicha, której budynek użytkuje od roku 1968 szkoła przyzakładowa. Na przedłużeniu ul. Łęczyckiej przy pl. Kościuszki stoi kościół ewangelicko-augsburski, dzisiaj opuszczony i zaniedbany. Przy ul. Kościelnej 12 (obecnie Wojska Polskiego), przyległej do pl. Kościuszki, znajduje się budynek fabryki pończoch Gustawa Paschke, który zajmuje od 1970 roku Spółdzielnia Inwalidów.

Natomiast pod numerem 32 mieściła się fabryka pończosznicza Rudolpha Schulza. Nieco dalej, przy tej samej ulicy, znajduje się cmentarz katolicki, na terenie którego zachowały się pozostałości cmentarza ewangelicko-augsburskiego. Nagrobki Niemców, podobnie jak kościół ewangelicko-augsburski, są obecnie zniszczone i zaniedbane.

Konstantynów Łódzki

Powstałe na obszarze wsi Żabice Wielkie miasto leży nad rzeką Ner około 10 km na zachód od Łodzi. W 1821 r. ówczesny właściciel Mikołaj Krzywiec-Okołowicz sprowadził z Ozorkowa pierwszych sukienników niemieckich. Zaoferował im korzystne warunki osiedlenia, dzięki czemu powstała osada fabryczna, nazwana później Konstantynowem. Prawa miejskie otrzymał Konstantynów w 1830 roku. Prężny rozwój przemysłu wełnianego został wkrótce zahamowany przez wzmożoną konkurencję łódzkich fabryk. Po powstaniu styczniowym miasto straciło prawa miejskie, które odzyskało dopiero w 1924 r. Z pewnością wpływ kultury niemieckiej na rozwój Konstantynowa nie jest tak duży, jak na rozwój Pabianic czy Zgierza, jednakże spacerując ulicami tego miasteczka natrafiamy często na niemieckie ślady.

Przy ul. Łódzkiej pod numerem 27 stoi budynek byłej fabryki tekstylnej Gustawa Schweikerta (obecnie siedziba wielu małych firm). Przy ulicy Długiej (obecnie ul. 19 Stycznia) znajduje się, wybudowany w latach 1826-27, kościół ewangelicko-augsburski, którego pierwszym pastorem był Gotfryd Zygmunt Rothe. Od 1945 r. obiekt ten należy do parafii katolickiej. W pobliżu kościoła przy ulicy Młynarskiej 1 (obecnie ul. Moniuszki) mieściła się niemiecka szkoła podstawowa (obecnie siedziba Urzędu Pracy).

O obecności Niemców w Konstantynowie świadczą dziś także nagrobki, znajdujące się na cmentarzu ewangelicko-augsburskim przy ulicy Łaskiej 57. Spoczywa tu wielu niemieckich obywateli, m.in. rodzina Henningów, rodzina Schulzów, Gustaw Tulinius, Reinhold, Horn, Johann Kunz.

Nowosolna

Nowosolna, która na początku XIX w. była samodzielną osadą, jest dzisiaj jedną z dzielnic Łodzi. Aby stworzyć w okolicach Łodzi silny ośrodek niemczyzny, władze pruskie przygotowały po II rozbiorze plany założenia kilku kolonii niemieckich. Największą z nich miała być osada o nazwie Sulzfeld, zwana później Nowosolną, którą w przyszłości planowano przekształcić w miasto powiatowe. Z przybyciem Niemców do Nowosolnej wiąże się pewna legenda. Głosi ona, że pierwsi osadnicy zastali biedną małą osadę, która ich zdaniem nie mogła zagwarantować im dostatniego życia i z tego też powodu nie wiązali z nią swej przyszłości, a wręcz przeciwnie, chcieli ją jak najszybciej opuścić. Aby zatrzymać osadników miejscowa szlachta wyprawiła dla nich ucztę, na którą przeznaczono dwa woły i duże ilości wina. I tak dzięki pomysłowości szlachty dwa woły przyczyniły się do powstania wzorcowej osady niemieckiej w okolicy Łodzi. Charakterystyczny dla niej był gwiaździsty układ ulic, który zachował się do dnia dzisiejszego. W centrum znajdował się plac, od którego rozchodziło się 8 ulic, gdzie znajdowały się domy i gospodarstwa niemieckich rolników. W 1837 roku powstała w Nowosolnej niezależna parafia ewangelicka, której pierwszym pastorem był Eduard Künzel. Wokół wspólnoty tej skupiało się życie kulturalne i duchowe. W 1816 r. odbyło się tutaj pierwsze spotkanie hernhutów (braci morawskich).

Ozorków

Miasto położone jest nad rzeką Bzurą około 20 km na północ od Łodzi. Początki jego sięgają XVII w., kiedy to należało do rodziny Szczawińskich. Z czasem przeszło w ręce rodziny Starzyńskich. Na początku XIX w. Ignacy Starzyński sprowadził tkaczy z Niemiec i przydzielił im ziemię w pobliskiej wsi Strzeblew. W 1807 roku została podpisana umowa kolonizacyjna pomiędzy przybyłymi sukiennikami a miejscowymi właścicielami. Wkrótce Ozorków stał się kolebką przemysłu tekstylnego w centralnej Polsce, co wiązało się z gwałtownym przyrostem ludności. W wyniku starań Ignacego Starzyńskiego osada otrzymała w 1820 r. prawa miejskie. Do Ozorkowa przybył z Monschau kupiec Mateusz Fryderyk Schlösser, który w pn.-zach. części miasta założył pierwszą fabrykę bawełny i w znacznym stopniu przyczynił się do rozwoju miasta. Po jego śmierci funkcję dyrektora fabryki (obecnie Ozorkowskie Zakłady Włókiennicze „Morfeo", ul. Łęczycka 5/17) pełnił w latach 1848-1854 Karol Scheibler. Pozostałe obiekty należące do rodziny Schlösserów znajdowały się przy ul. Długiej 6 (obecnie ul. Listopadowa). Do dziś zachował się pałacyk o formie klasycystycznej, w którym mieści się dom kultury, kantor – dziś biblioteka oraz kasa chorych – aktualnie Urząd Miasta. W 1814 roku został wzniesiony drewniany kościół ewangelicko-augsburski, którego pierwszym pastorem był Edward Stiller. W późniejszych latach na jego miejscu zbudowano kościół murowany. Na cmentarzu przy ul. Zgierskiej spoczywają zmarli rodziny Schlösserów, fudatorów miejscowego kościoła. Warto zwrócić uwagę na miejsce spoczynku rodziny aptekarza Jonascha, spokrewnionej z łódzkim lekarzem Karolem Jonscherem.

Pabianice

Miasto położone jest około 10 km na południowy-zachód od Łodzi. Wieś Pabianice powstała w końcu XII wieku, a prawa miejskie otrzymała w 1297 r. Na skutek napływu emigracji niemieckiej od początku XIX wieku w Pabianicach rozwijał się przemysł włókienniczy. W roku 1825 przybył z Reichenau w Saksonii Beniamin Krusche i założył fabrykę wyrobów bawełnianych, która w końcu XIX w., już jako spółka „Krusche & Ender", zatrudniała 4000 robotników. Do rozwoju Pabianic znacznie przyczynił się także fabrykant Rudolf Kindler, który zatrudniał 2000 robotników. Warto jeszcze wspomnieć fabrykę papierniczą Oskara Saengera oraz fabrykę chemiczną spółki „Schweikert & Fröhlich".

Większość budynków pozostałych po niemieckiej społeczności znajduje się przy głównej ulicy miasta – Zamkowej, stanowiącej centrum przemysłowe i kulturalne miasta. Pod numerem 3 znajdowało się Towarzystwo Akcyjne Wyrobów Bawełnianych „Krusche & Ender". Pod 10 mieścił się kościół ewangelicko-augsburski, wybudowany w roku 1832. Urząd pastora pełnił w tym czasie Daniel Biedermann. Godna uwagi jest także kancelaria kościelna oraz znajdujący się w jej pobliżu budynek dwuklasowej szkoły niemieckiej nr 1 (obecnie pabianickie Liceum Ekonomiczne). W sąsiedztwie ulicy Zamkowej przy Saskiej (obecnie ul. Piłsudskiego) mieściły się dwa kompleksy fabryk – Pabianicka Fabryka Przemysłu Papierniczego Roberta Saengera (obecnie Fabryka Papieru SA) oraz Pabianickie Towarzystwo Przemysłu Chemicznego „Schweikert & Fröhlich" (obecnie siedziba Pabianickich Zakładów Farmaceutycznych „Polfa"). Przy ulicy św. Jana 4, przebiegającej równolegle do ulicy Saskiej (obecnie al. Piłsudskiego), mieściły się biura Towarzystwa Akcyjnego Wyrobów Półwełnianych Rudolfa Kindlera (obecnie Urząd Stanu Cywilnego). Na uwagę zasługuje Koedukacyjne Gimnazjum Niemieckie, które pierwotnie mieściło się przy ul. św. Jana, w 1932 r. przeniesione zostało na ul. Legionów (obecnie ul. Partyzancka). Jego fundatorami byli pabianiccy przedsiębiorcy: dr Alex Krusche, Alfons Schiele, Engelhorn i Reinhold. Do dziś zachował się szpital przy ul. Rocha 8, którego fundatorem była firma „Krusche & Ender". Na cmentarzu przy ul. Ewangelickiej spoczywają potomkowie trzech pabianickich potentatów przemysłu tekstylnego: Kruschego, Kindlera i Endera, jak również pierwszy pastor kościoła ewangelickiego – Daniel Biedermann oraz pastor z Kostantynowa – Leopold Schmidt.

Zgierz

Miasto położone nad rzeką Bzurą, graniczące od płd. strony z Łodzią. Prawa miejskie otrzymało przed rokiem 1288. Na początku XIX w. zaczęli przybywać do Zgierza tkacze z Prus, Śląska i Saksonii. Zgierz w przeciwieństwie do innych pobliskich miast, jak Aleksandrów, Konstantynów czy Ozorków, nie był miastem prywatnym, lecz królewskim. Realizował politykę rządu Królestwa Polskiego, której celem było uprzemysłowienie państwa. Świadczy o tym „Umowa Zgierska", zawarta w lutym 1821 roku między przedstawicielem rządu a sukiennikami. W latach 1820-30 Zgierz był największym w Królestwie Polskim ośrodkiem produkcji sukna. Do roku 1850 przybyło do Zgierza ponad 300 sukienników, z czego większość z ziem znajdujących się pod panowaniem pruskim, głównie z Wielkiego Księstwa Poznańskiego. Wielokrotnie więcej przybyło zwykłych robotników najemnych.

Najważniejszymi przedsiębiorcami zgierskimi tego okresu byli: Jan Fryderyk Zachert, Karol August Meissner, Karol Gottlieb Saegner, Jan Georg Viertes, L. Arendt, E. H. Reinhertz, H. Vogt, E. Kunze, Zippel, Karl Borst, Karl Müller i J. Hoffmann. W późniejszym czasie osiedlili się tutaj także przedstawiciele innych niemieckich rodzin, m.in. słynnego rodu pabianickiego Krusche.

Zdecydowana większość obiektów zgierskich fabrykantów koncentrowała się na terenie Starego Miasta w kwadracie ulic: Zegrzańskiej, Błotnej, Strykowskiej i Wysokiej (obecnie ulice Dąbrowskiego, Waryńskiego, 3 Maja i 1 Maja) oraz przy ulicy Długiej.

Przy ul. Zegrzańskiej pod numerem 21 znajduje się rezydencja Karola Müllera, (obecnie siedziba Muzeum Miasta Zgierza). Warto zobaczyć znajdujące się tu dwie stałe ekspozycje: „Wnętrze mieszczańskie z przełomu XIX i XX w." oraz „Dzieje Zgierza do roku 1800". Przy tej samej ulicy mieściła się fabryka Meissnera, a później odlewnia żelaza Hoffmana. U zbiegu ulic Błotnej i Strykowskiej (obecnie ul. Waryńskiego i ul. 3 Maja) stoją pofabryczne budynki firmy AG Borst (obecnie Urząd Skarbowy). Przy ul. Wysokiej 11 (obecnie ul. 1 Maja) można zobaczyć dawną fabrykę Jana Fryderyka Zacherta (obecnie siedziba Zgierskich Zakładów Przemysłu Odzieżowego „Zeta"). Rodzina Zachertów posiadała też fabrykę przy ulicy Długiej (obecnie Zespół Szkół Budowlanych). Innym zachowanym obiektem przy ulicy Długiej 33 jest budynek progimnazjum niemieckiego. Utworzone w 1917 r., zostało zamknięte w 1928 r., a jego uczniowie kontynuowali naukę w niemieckim gimnazjum w Łodzi (obecnie szkoła muzyczna).

Przy zbiegu ulic Długiej i Szczęśliwej (obecnie ul. Długa i ul. Narutowicza) powstał w latach 1825-26 kościół ewangelicko-augsburski. Jego pierwszym pastorem był Henryk Bando, a ostatnim przed 1939 rokiem Aleksander Falzmann. Nowy kościół ewangelicki wzniesiono przy ulicy Cmentarnej (obecnie ul. Spacerowa), przy kościele znajduje się cmentarz założony w I poł. XIX w. Spoczywa tutaj Henryk Bando. Poza tym pochowani są tutaj członkowie rodzin zgierskich fabrykantów, m.in. rodziny Meierhoffów i Meissnerów.

W Zgierzu znajduje się pałacyk letni wybudowany przez Karola Borsta dla żony przy ulicy Juliusza (obecnie ul. Pułaskiego, siedziba ośrodka szkoleniowego PCK), oraz budynek przy ulicy Średniej, należący niegdyś do rodziny Ernstów (obecnie siedziba Banku Spółdzielczego przy ul. Komuny Paryskiej).

Adam Cyruliński
Sebastian Kośliński
Tomasz Sobierajski

Die Umgebung von Lodz

Wir schlagen Ihnen vor, noch einige Ortschaften in der näheren Umgebung zu besuchen, die ebenfalls mit den deutschen Siedlern verbunden sind.

Aleksandrów Łódzki

Die Siedlung Aleksandrów entstand 1817. Sie liegt etwa elf Kilometer südwestlich von Lodz, auf dem Gebiet des Dorfes Brużyca Wielka. Ihr Besitzer – Rafał Bratoszewski – ließ Anfang des 19. Jahrhunderts deutsche Handwerker kommen, denen er günstige Bedingungen für eine Ansiedlung zusicherte. Aleksandrów erhielt die Stadtrechte 1823, die es aber 1870 wieder verlor und erst im unabhängigen Polen zurückbekam.

Aleksandrów war der Sitz der Strumpfweberei, was es von anderen Orten der Lodzer Region unterschied. Hier überwogen kleine Werkstätten, die wenige Arbeiter beschäftigten. Bis heute haben sich einige Gebäude erhalten, die an die Anwesenheit der Deutschen erinnern. An der ul. Łęczycka 1 befand sich die Strumpffabrik Adolf Greilichs, deren Gebäude seit 1968 eine Werkschule benutzt. In der Verlängerung der ul. Łęczycka 1 am Plac Kościuszki steht die evengalisch-augsburgische Kirche, die heute verlassen und dem Verfall anheimgegeben ist. An der ul. Kościelna (heute Wojska Polskiego), die an den Plac Kosciuszki angrenzt, befindet sich das Gebäude der Strumpffabrik Gustav Paschkes, das seit 1970 von der Invalidengenossenschaft benutzt wird. Unter der Nr. 32 befand sich die Strumpffabrik Rudolph Schulzs. Etwas weiter, an der gleichen Straße, befindet sich der katholische Friedhof, auf dem Reste des eveangelisch-augsburgischen Friedhofs erhalten geblieben sind. Die Grabsteine der Deutschen, ähnlich wie die evangelische Kirche, sind zerstört oder ungepflegt.

Konstantynów Łódzki

*D*ie Stadt, die auf dem Gebiet des Dorfes Żabice Wielkie entstand, liegt am Fluß Ner etwa zehn Kilometer westlich von Lodz. 1821 hat der damalige Besitzer des Dorfes Mikolaj Krzywiec-Okołowicz die ersten deutschen Tuchmacher aus Ozorków kommen lassen. Er bot ihnen günstige Siedlungsbedingungen an, weshalb eine Fabriksiedlung enstand, die später Konstantynów genannt wurde. Die Stadtrechte erhielt Konstantynów 1830. Die dynamische Entwicklung der Textilindustrie wurde aber bald durch die wachsende Konkurrenz der Lodzer Fabriken gebremst. Nach dem Januaraufstand verlor die Stadt ihre Stadtrechte, die sie erst 1924 zurückerhielt. Mit Sicherheit ist der Einfluß der deutschen Kultur auf die Entwicklung von Konstantynów nicht so groß wie auf die Entwicklung von Pabianice oder Zgierz, wenn wir aber durch die Straßen dieses Städtchens gehen, begegnen wir oft deutschen Spuren.

An der ul. Łódzka steht unter der Nr. 27 das Gebäude der ehemaligen Textilfabrik Gustav Schweikerts (heute der Sitz vieler kleiner Firmen). An der ul. Dluga (heute ul. 9-stycznia) befindet sich die in den Jahren 1826-27 erbaute evangelisch-augsburgische Kirche, deren erster Pastor Gotfried Zygmunt Rothe war. Seit 1945 gehört sie der katholischen Gemeinde. In der Nähe der Kirche, an der ul. Mlynarska 1 (heute ul. Moniuszki) befand sich die deutsche Grundschule (jetzt Sitz des Arbeitsamtes).

Von der Anwesenheit der Deutschen in Konstantynów zeugen auch die Grabsteine, die sich auf dem evangelisch-augsburgischen Friedhof an der ul. Łaska 57 befinden. Hier ruhen viele deutsche Bürger, u. a. die Familie Henning, Schulz, sowie Gustav Tulinius, Reinhold Horn, Johann Kunz.

Nowosolna

Nowosolna, das am Anfang des 19. Jahrhunderts ein selbständiger Ort war, ist heute einer der Stadtteile von Lodz. Um in der Lodzer Gegend ein starkes Zentrum des Deutschtums zu schaffen, haben die preußischen Behörden nach der zweiten Teilung Pläne für die Gründung einiger deutscher Siedlungen ausgearbeitet. Die größte sollte die Siedlung Sulzfeld werden, die in Zukunft zur Kreisstadt umgewamdelt werden sollte. Mit dem Eintreffen der Deutschen in Nowosolna ist eine Legende verbunden. Sie besagt, daß die ersten Siedler eine arme kleine Ortschaft angetroffen haben, die ihnen ihrer Meinung nach keine ausreichende Lebensgrundlage bieten könnte und daher nicht nur ihre Zukunft nicht an sie binden mochten, sondern sogar so schnell wie möglich sie verlassen wollten. Um die Siedler zurückzuhalten, gab der ansässige Adel ein Fest, für das zwei Ochsen und eine große Menge Wein vorgesehen waren. Und auf diese Weise haben, dank des Einfallsreichtums der Adligen, zwei Ochsen dazu beigetragen, das eine vorbildliche deutsche Siedlung in der Gegend von Lodz enstand. Charakteristisch war für sie die sternförmige Anordnung der Straßen, die bis heute erhalten geblieben ist. Im Zentrum befand sich ein Platz, von dem acht Straßen wegführten, in denen sich die Häuser und die Wirtschaftsgebäude der deutschen Landwirte befanden. 1837 entstand in Nowosolna eine freie evangelische Gemeinde, deren erster Pastor Eduard Künzel war. Um die Gemeinde zentrierte sich das kulturelle und geistliche Leben. 1816 fand hier das erste Treffen der Herrnhutter statt.

Ozorków

Die Stadt liegt am Fluß Bzura etwa 20 km nördlich von Lodz. Die Anfänge reichen ins 17. Jahrhundert zurück, in der sie der Familie Szczawiński gehörte. Mit der Zeit ging sie in Besitz der Familie Starzyński über. Anfang des 19. Jahrhunderts hat Ignacy Starzyński Weber aus Deutschland geholt und ihnen Boden in der Nähe des Dorfes Strzablew zugeteilt. 1807 wurde von den eingetroffenen Webern und den ortsansässigen Eigentümern der Siedlungsvertrag unterschrieben. In kurzer Zeit wurde Ozorków zur Wiege der Textilindustrie in Zentralpolen, was mit einem gewaltigen Bevölkerungswachstum verbunden war. Dank der Bemühungen des Ignacy Starzyński bekam die Siedlung im Jahr 1820 die Stadtrechte. Nach Ozorkow kam aus Monschau der Händler Matthäus Friedrich Schlösser, der im Nordwesten der Stadt die erste Baumwollfabrik gründete und der in hohem Maße zur Entwicklung der Stadt beitrug. Nach seinem Tod hat Karl Scheibler in den Jahren 1848-1854 die Leitung übernommen (heute Ozorkowskie Zakłady Włókiennicze „Morfeo" ul. Łęczycka 5/17). Die anderen Besitztümer der Familie Schlösser befanden sich an der ul. Długa 6 (jetzt Listopadowa). Bis heute ist ein klassizistisches Schlößchen, in dem sich das Kulturhaus befindet, und ein Kantor – wir würden sagen Bibliothek und Krankenkasse – erhalten geblieben, in dem heute die Stadtverwaltung residiert. 1814 wurde eine hölzerne, evangelisch-augsburgische Kirche erbaut, deren erster Pastor Eduard Stiller war. Später errichtete man an gleicher Stelle eine gemauerte Kirche. Auf dem Friedhof an der ul. Zgierska ruhen die Toten der Familie Schlösser, der Stifter der Kirche. Es lohnt auf die Ruhestätte der Familie des Apothekers Jonasch hinzuweisen, der mit dem Lodzer Arzt Karl Jonscher verwandt ist.

Pabianice

Die Stadt liegt etwa zehn Kilometer südwestlich von Lodz. Das Dorf Pabianice entstand Ende des 12. Jahrhunderts und die Stadtrechte erhielt es 1297. Infolge des Zustroms deutscher Emigranten nach Pabianice entwickelte sich in Pabianice seit Anfang des 19. Jahrhunderts die Textilindustrie. 1825 kam aus Reichenau in Sachsen Benjamin Krusche und gründete die Fabrik der Baumwollerzeugnisse, die Ende des 19. Jh. als Gesellschaft „Krusche & Ender" 4000 Arbeiter beschäftigte. Zur Entwicklung von Pabianice hat auch viel der Fabrikant Rudolph Kindler beigetragen, der 2000 Arbeiter beschäftigte. Man sollte noch die Papierfabrik von Oskar Saenger und die chemische Fabrik der Gesellschaft „Schweikert & Fröhlich" erwähnen.

Die Mehrzahl der Gebäude, die von den Deutschen stammen, befindet sich an der Hauptstraße, der ul. Zamkowa, die das industrielle und kulturelle Zentrum der Stadt bildet. Unter der Nr. 3 befand sich die Aktiengesellschaft für Baumwollerzeugnisse „Krusche & Ender". Unter der Nr. 10 befand sich die evangelisch-augsburgische Kirche, die 1832 erbaut wurde.

Das Amt des Pastors übte damals Daniel Biedermann aus. Beachtung verdient auch die Pfarrverwaltung und das in der Nähe liegende Gebäude der zweiklassigen deutschen Schule Nr. 1 (heute das Wirtschfatslyzeum Pabianice). In der Nachbarschaft der ul. Zamkowa befanden sich die Fabrikkomplexe, die Papierfabrik Pabianice des Robert Saenger (jetzt Papierfabrik S. A.) und die Pabianicer Chemiegesellschaft „Schweikert & Fröhlich" (heute Sitz der Pabianicer Farmazeutischer Werke „Polfa"). An der ul. św. Jana 4, die parallel zur ul. Saska verläuft (jetzt ul. Pilsudskiego) lagen die Büros der Aktiengesellschaft für Halbbaumwollerzeugnisse Rudolf Kindlers (heute Standesamt). Beachtung verdient das koedukative Deutsche Gymnasium, das sich ursprünglich an der ul. św. Jana befand und 1932 in die ul. Legionow (nun ul. Partyzancka) verlegt wurde. Seine Gründer waren Pabianicer Industrielle, Dr. Alex Krusche, Alfons Schiele, Engelhorn und Reinhold. Der erste Direktor war Pastor Hugo Siebörger. Bis heute erhalten ist das Krankenhaus an der ul. Rocha 8, dessen Stifter die Firma „Krusche & Ender" war. Am Friedhof an der ul. Ewangelicka ruhen die Nachkommen dreier Pabianicer Potentaten der Textilindustrie: Krusche, Kindler und Ender, wie auch der erste Pastor der evangelischen Kirche Daniel Biedermann und der Pastor in Konstantynów Leopold Schmidt.

Zgierz

Die Stadt liegt am Fluß Bzura und grenzt im Süden an Lodz. Die Stadtrechte erhielt Zgierz vor 1288. Am Anfang des 19. Jahrhunderts begannen nach Zgierz Weber aus Preußen, Schlesien und Sachsen zu kommen. Zgierz war im Gegensatz zu anderen benachbarten Städten wie Aleksandrów, Konstantynów oder Ozorków kein Privat- sondern königlicher Besitz. Die Stadt führte die Politik der Regierung des Kongreßpolens durch, deren Ziel die Industrialisierung des Landes war. Davon legt der „Zgierzer Vertrag" Zeugnis ab, der im Februar 1821 zwischen den Vertretern der Regierung und den ankommenden Webern geschlossen wurde. In den Jahren 1820 bis 1830 war Zgierz das größte Zentrum der Tuchproduktion in Kongreßpolen. Bis 1850 kamen nach Zgierz über 300 Tuchmacher, darunter die meisten aus Gebieten unter preußischer Herrschaft, hauptsächlich aus dem Großen Posener Herzogtum. Es kam aber auch eine viel höhere Anzahl von Tagelöhnern.

Die wichtigsten Zgierzer Unternehmer dieser Zeit waren: Jan Friedrich Zachert, Karl August Meissner, Karl Gottlieb Saegner, Jan Georg Viertes, L. Arendt, E. H. Reinhertz, H. Vogt, E. Kunze, Zippel, Karl Borst, Karl Müller und J. Hoffmann. Später siedelten sich hier auch Vertreter anderer deutscher Familien an, u. a. die berühmte Pabianicer Familie Krusche.

Die entschiedene Mehrheit der Zgierzer Fabriken konzentrierte sich auf dem Bereich der Altstadt im Viereck der Straßen: Zegrzańska, Błotna, Strykowska und Wysoka (heute Dąbrowskiego, Waryńskiego, 3-go Maja und 1-go Maja) und an der ul. Długa.

An der ul. Zegrzanska unter der Nr. 21 befindet sich die Residenz Karl Müllers (heute der Sitz des Museums der Stadt Zgierz). Es lohnt, die sich hier befindlichen ständigen Ausstellungen zu besichtigen: „Bürgerliche Inneneinrichtung im Übergang vom 19. ins 20. Jahrhundert" und die „Geschichte der Stadt Zgierz bis 1800". An derselben Straße befand sich Meissners Fabrik und später die Eisengießerei Hoffmanns. Dort wo die ul. Błotna und Strykowska zusammentreffen (heute ul. Warynskiego und 3-go Maja) stehen die ehemaligen Fabrikgebäude der AG Borst (nun Finanzamt). An der ul. Wysoka 11 (heute 1-go Maja) kann man die ehemalige Fabrik Jan Friedrich Zacherts sehen (jetzt der Sitz der Zgierzer Bekleidungsfabrik „Zeta"). Die Familie Zachert besaß auch eine Fabrik an der ul. Długa (jetzt die Vereinigung der Schulen der Bauindustrie). Ein anderes in der ul. Długa erhaltenes Objekt ist das Gebäude des deutschen Progymnasiums. 1817 gegründet, wurde es 1928 geschlossen und seine Schüler lernten weiter am deutschen Gymnasium in Lodz (heute Musikschule).

Dort wo die ul. Długa und Szczęśliwa zusammentreffen (jetzt ul. Długa und ul. Narutowicza) entstand in den Jahren 1825 bis 1826 die evangelisch-augsburgische Kirche. Ihr erster Pastor war Henryk Bando und der letzte vor 1939 war Alexander Falzmann. Die neue evangelische Kirche wurde an der ul. Cmentarna (jetzt ul. Spacerowa) errichtet, an der sich ein in der ersten Hälfte des 19. Jahrhunderts angelegter Friedhof befindet. Hier ruhen Henryk Bando und Aleksander Falzmann, der im Konzentrationslager Dachau umkam. Außerdem sind hier Miglieder der Familien der Zgierzer Fabrikanten beerdigt, u. a. Meierhoff und Meissner.

In Zgierz befindet sich ein kleines Sommerpalats, das Karl Borst seiner Frau an der ul. Juliusza (jetzt ul. Pułaskiego) errichten ließ (heute Sitz des Schulungszentrum des PCK). Außerdem gibt es noch das Gebäude an der ul.

Średnia, das einst der Familie Ernst gehörte (heute Sitz der Genossenschaftsbank an der ul. Komuny Paryskiej).

O nich się mówi
w tym przewodniku

Von ihnen ist die Rede
im Buch

O nich się mówi w tym przewodniku

ANGERSTEIN, WILHELM PIOTR (1848-1928) pastor, urodzony w Warszawie. Gimnazjum ukończył w Warszawie, a następnie udał się do Erlangen w Bawarii oraz Lipska, by tam studiować teologię. W latach 1872-74 był wikarym w Krakowie. Ordynowany został 29.11.1874 i jeszcze w tym samym roku objął parafię Czarnylas. W latach 1875-85 pracował jako proboszcz w Wiskitkach, a w roku 1885 został pierwszym proboszczem parafii Świętego Jana w Łodzi. Od roku 1912 był również superintendentem Diecezji Piotrkowskiej. Zmarł podczas jazdy pociągiem. Pochowany został na cmentarzu ewangelickim przy ulicy Ogrodowej.

BIEDERMANN, ROBERT (1836-1899) przemysłowiec, po przybyciu w końcu lat 50. ze Zduńskiej Woli rozpoczął pracę jako czeladnik w jednej z łódzkich farbiarni. W 1863 roku otrzymał w dzierżawę wieczystą ponad 14 ha gruntów, rozciągających się po obu stronach rzeki Łódki. Rok później przy ul. Widzewskiej 2 (obecnie ul. Kilińskiego) założył farbiarnię przędzy, tkanin wełnianych i bawełnianych. Później nabył posesję na drugim brzegu rzeki Łódki, przy ul. Smugowej i Franciszkańskiej, co umożliwiło mu rozbudowę przedsiębiorstwa. W 1877 roku Biedermann uruchomił apreturę (wykończalnię) towarów wełnianych (flaneli, wyrobów trykotowych, kaszmirów) oraz pluszu meblowego i konfekcyjnego, a w 1890 roku przędzalnię bawełny. W 1896 roku zatrudniał 375 robotników. Robert Biedermann przy współpracy z pastorem K. B. Rondthalerem ufundował Dom Sierot przy ul. Północnej 70 oraz domy dla robotników przy ul. Smugowej. Żonaty z Adelmą z domu Braun miał 13 dzieci. Zmarł w 1899 roku w Łodzi. Rozciągające się między ulicami Północną, Franciszkańską, Smugową i Kilińskiego przedsiębiorstwo było od 1899 roku zarządzane przez jego synów Alfreda Biedermanna (1866-1936) oraz Roberta jr. (1864-1927). Alfred Biedermann był aktywnym działaczem gospodarczym, założył m.in. Towarzystwo Łódzkich Kolei Elektrycznych. Został odznaczony orderem Polonia Restituta.

BIEDERMANN, ZOFIA (1870-1895) – córka Ludwika Wilhelma Meyera, przemysłowca; pochowana z rodzicami; była pierwszą żoną Alfreda Biedermanna.

BUHLE, KAROL TEODOR przemysłowiec. Jego przodkowie przybyli do Łodzi z Herzberga w 1841 roku. Zdobyte w Chemnitz wykształcenie poparł bogatą praktyką, m.in. w farbiarni ojca. Usamodzielnił się w 1897 roku, kiedy założył ze szwagrem Schultzem farbiarnię, której budynek mieści się dziś na Żubardziu przy ul. Hipotecznej 7/9. Firma rozwijała się pomyślnie. Buhle uczestniczył w pracach Łódzkiego Chrześcijańskiego Towarzystwa Dobroczynnego, Domu Miłosierdzia dla Chorych i Ubogich. Zapewniał też godziwą opiekę socjalną swoim robotnikom, organizował kolonie dla ich dzieci, zbudował boisko sportowe. Pracujący u niego ludzie otrzymywali bilety wolnego wstępu na różnego rodzaju imprezy.

DIETRICH, JULIUSZ (1875-1963) pastor parafii św. Jana, urodzony 31.07.1875 roku w Łodzi. Zmarł 25.06.1963 roku w Niemczech.

EISERT, RAJMUND KAROL (1865-1935) przemysłowiec, syn tkacza Karola i Pauliny z d. Guse. Jego dziad Jan Gottlob przybył w 1826 r. z Saksonii do Pabianic. Ojciec Karola Rajmunda założył w 1864 r. w Łodzi ręczną tkalnię wyrobów bawełnianych. Karol Rajmund wraz z bratem Emilem objął zakład po rodzicach i rozwinął go do rozmiarów dużego przedsiębiorstwa, które później przekształcono w spółkę akcyjną. Należał do zarządu Spółki Akcyjnej J. Johna oraz Pabianickich Zakładów Włókienniczych, należących wcześniej do R. Kindlera. Był ponadto współzałożycielem szpitala dla nerwowo i psychicznie chorych w Kochanówce, współfundatorem szkoły powszechnej w Dłutowie oraz Domu Sióstr Diakonis w Łodzi. Stał na czele kuratorium „Domu Miłosierdzia" (szpital ewangelicki przy ul. Północnej), był kuratorem szpitala św. Aleksandra. Po śmierci Ignacego Poznańskiego w roku 1909 mianowano go honorowym radnym miejskim. Był również honorowym konsulem Królestwa Danii w Łodzi.

FALZMANN, ALEKSANDER KAROL (1887-1940) pastor. Był synem fabrykanta Roberta (wyznania katolickiego) i Emilii (wyznania ewangelicko-augsburskiego). Ukończył teologię na Uniwersytecie w Dorpacie w Estonii. Święcenia kapłańskie przyjął w 1912 roku i został wikarym w kościele św. Jana w Łodzi. W latach 1913-1920 pełnił urząd pastora w Pułtusku, później (1820-1839) w Zgierzu. Podczas drugiej wojny światowej odmówił przyjęcia volkslisty. W końcu września 1939 został aresztowny przez gestapo i więziony przy ulicy Sterlinga. W 1940 roku wywieziony do obozu koncentracyjnego w Dachau, gdzie zmarł.

FEDER, HENRYK (1841-1910) przemysłowiec, urodzony w Eupen nad Renem, zmarł w Berlinie. Jego ojciec, Hubert, był właścicielem wytwórni maszyn w Eupen. W 1865 r. przybył do Ozorkowa, a 10 lat później osiedlił się w Łodzi. Wraz z M. Mitznerem założył przędzalnię bawełny. Przy ul. Benedykta 17 (obecnie 6 Sierpnia) przy finansowym współudziale Jakuba Vive założył w 1880 roku przędzalnię, którą od 1892 roku kierował samodzielnie. Od 1906 roku mieszkał w Berlinie. Był żonaty z Julią z d. Rohrer. Miał jedną córkę Laurę Elizę.

GEYER, GUSTAW (1844-1893) przemysłowiec, syn Ludwika Ferdynanda. Wykształcenie zdobył w Łodzi, a praktykę bankową odbył w Anglii. Od 1867 roku kierował zakładami L. Geyera, które pod jego zarządem dźwignęły się z kłopotów finansowych i powoli zaczęły przynosić zyski. W 1886 roku fabryka stała się spółką akcyjną Zakłady Przemysłu Bawełnianego Ludwik Geyer z prezesem Gustawem Geyerem na czele. Był również właścicielem fabryki koronek przy ul. Piotrkowskiej 278. Żonaty z Heleną z Weilów, z którą miał dwóch synów – Gustawa, Roberta i cztery córki.

GEYER, LUDWIK (1805-1869) przemysłowiec, urodzony w Berlinie rozpoczął mechanizację przemysłu włókienniczego w Łodzi. Przed swym przybyciem z Neugerzdorf (Saksonia) w 1828 roku podróżował po Królestwie Polskim. Był w Kaliszu, Warszawie, Piotrkowie Trybunalskim i Częstochowie, ale dopiero Łódź stała się dla niego prawdziwą „Ziemią Obiecaną". Przybył tutaj wraz z rodziną: ojcem, matką, i żoną; nie przywieźli ze sobą zbyt wiele. Były to jedynie urządzenia fabryczne, przędza bawełniana oraz niewielkie ilości ubrań, książek, mebli i sprzętu myśliwskiego. W 1833 roku zakupił Geyer w osadzie fabrycznej Łódka tereny należące do Antoniego Potempy (ul. Piotrkowska 282), gdzie wybudował przędzalnię i tkalnię. W 1840 roku nabył posesję po Rundzieherze (ul. Piotrkowska 303-315) i po Janie Traugotcie Langem (ul. Piotrkowska 287-301). Dzięki temu stał się właścicielem terenów leżących po obu stronach głównej ulicy Łodzi.

GROHMAN, TRAUGOTT (1785-1874) przybył do Polski z Saksonii w 1827 roku. Zatrzymał się z dwoma braćmi w Warszawie, później przeniósł się do Zgierza, aby ostatecznie w 1843 roku osiedlić się w Łodzi. Tu otrzymał w wieczystą dzierżawę teren zwany Lamusem, gdzie w 1844 roku otworzył przędzalnię i tkalnię bawełny. Po jego śmierci fabrykę przejął syn Ludwik (1826-1889). Jako pierwszy w mieście założył w swojej fabryce oddział straży pożarnej i był jej pierwszy komendantem. W 1899 roku przedsiębiorstwo zostało przekształcone w Towarzystwo Akcyjne Zakładów Przemysłowych Ludwika Grohmana. Po I wojnie światowej w 1919 roku zakłady Grohmana i Scheiblera zostały połączone i w 1921 roku powstały Zjednoczone Zakłady K. Scheiblera i L. Grohmana.

HEINZEL, JULIUSZ (1834-1895). Jego ojciec Jan tkacz przybył do Łodzi z Dolnego Śląska. W 1854 roku Juliusz Heinzel wstąpił do Zgromadzenia Majstrów Tkackich. Rok później odziedziczył po ojcu tkalnię ręczną. W 1856 roku ożenił się z Pauliną Volkman. Był założycielem manufaktury wyrobów wełnianych i półwełnianych przy ul. Piotrkowskiej 104. Za swoje wyroby otrzymywał J. Heinzel liczne europejskie nagrody. Wraz z Juliuszem Kunitzerem utworzył także w 1879 roku zakłady włókiennicze przy ul. Rokicińskiej (obecnie al. J. Piłsudskiego), które 10 lat później zostały przekształcone w Towarzystwo Akcyjne Wyrobów Bawełnianych Juliusza Heinzla i Juliusza Kunitzera. Zdobywszy znaczny majątek zakupił dobra w Piotrkowskiem oraz w okolicach Łodzi (Julianów, Arturówek, Marysin, Łagiewniki). W trosce o swoich pracowników wybudował domy familijne przy ul. Przejazd (obecnie ul. J. Tuwima). Był inicjatorem Chrześcijańskiego Towarzystwa Dobroczynności, członkiem zarządu Łódzkiej ochotniczej straży ogniowej, a także brał udział w pracach rady Banku Handlowego. Juliusz Heinzel kupił w 1891 roku od księcia Sachsen-Coburg-Gotha majątek z zamkiem Hohenfels oraz tytuł barona. Był pierwszym prezesem Łódzkiego Chrześcijańskiego Towarzystwa Dobroczynności, był też prezesem ochotniczej straży pożarnej.

HEINZEL, JULIUSZ TEODOR (1861-1922). Po ukończeniu studiów technicznych w Rydze objął stanowisko dyrektora Towarzystwa Akcyjnego Wyrobów Wełnianych i Półwełnianych przy ul. Piotrkowskiej 104 oraz Towarzystwa Akcyjnego Apretura i Farbiarnia przy ul. Piotrkowskiej 226. Po ojcu odziedziczył akcje Towarzystwa Akcyjnego Widzewskiej Manufaktury (dawniej „Heinzel i Kunitzer") przy ul. Rokicińskiej (obecnie al. J. Piłsudskiego). Wycofawszy się z Zarządu Widzewskiej Manufaktury (1896 rok) prowadził aktywne życie społeczne. Był członkiem zarządu Łódzkiego Komitetu Giełdowego i Towarzystwa Górniczego, prezesem Towarzystwa Akcyjnego Składów Towarowych „Warrant" oraz Komitetu Budowy Katedry Łódzkiej, w której możemy do dziś podziwiać ufundowany przez niego ołtarz główny.

JONSCHER, KAROL (1850-1907) lekarz społecznik, urodzony w Lublinie, zmarł w Łodzi. Syn pastora Karola Józefa i Agaty Karoliny Hovelka. Po ukończeniu lubelskiego gimnazjum studiował na Wydziale Medycznym Szkoły Głównej w Warszawie. Po przybyciu do Łodzi podjął pracę zawodową, rozpoczynając jednocześnie aktywną działalność społeczną. Był współzałożycielem Łódzkiego Chrześcijańskiego Towarzystwa Dobroczynności, Towarzystwa Lekarskiego, Towarzystwa Pogotowia Ratunkowego. Zainicjował budowę pierwszego w Łodzi szpitala przyfabrycznego w zakładach Scheiblera, który nosi obecnie jego imię. Był współzałożycielem szpitala dla nerwowo i psychicznie chorych w Kochanówce oraz szpitala dziecięcego im. Anny Marii (obecnie J. Korczaka). Żonaty z Marią z Weilów. Pozostawił trzech synów, jeden z nich Karol Gustaw – był profesorem pediatrii na Uniwersytecie Poznańskim.

KINDERMANN, JULIUSZ ROBERT (1866-1932) przemysłowiec, w 1891 roku założył własną fabrykę bawełny przy ul. Łąkowej 23/25. Rodzina Kindermannów przebyła typową drogę do fortuny. Tkacz Franciszek i Wilhelmina Kindermannowie, przybyli do Łodzi z Saksonii i założyli dwa niewielkie ręczne warsztaty tkackie. Majątek zdobył dopiero ich syn Franciszek, który w 1859 roku założył zakład wyrobów wełnianych. Około 1897 roku zakład przeniesiono do znajdującego się u zbiegu ul. Łąkowej i św. Andrzeja budynku fabrycznego. Zmechanizowany zakład składał się z przędzalni, tkalni, farbiarni i wykończalni. W 1905 roku Franciszek przekazał kierownictwo fabryki swojemu synowi J. R. Kindermannowi.

KOPISCH, TYTUS przybył do Łodzi ze Śląska w roku 1828. Objął w posiadanie i rozbudował zakład zwany Starym Bielnikiem lub Bielnikiem Kopischa, położony przy ul. Św. Emilii (obecnie ul. Tymienieckiego). Po dwudziestu kilku latach przedsiębiorstwo przynosiło więcej strat niż zysków, dlatego też w 1847 roku Kopisch sprzedał je i powrócił do ojczyzny.

KUNITZER, JULIUSZ (1843-1905) wywodził się z zamieszkującej Prusy Zachodnie rodziny tkackiej przybyłej na ziemie Królestwa Polskiego w latach trzydziestych XIX wieku. Jego przodkowie osiedlili się najpierw w Przedborzu, a później w Kaliszu. Juliusz Kunitzer przybył do Łodzi w 1855 roku i rozpoczął pracę na stanowisku kierowniczym w zakładach Edwarda Hentschla. W latach 80. wszedł w spółkę z Juliuszem Teodorem Heinzlem. Zginął podczas walk 1905 roku, zastrzelony przez zamachowca w jednym z łódzkich tramwajów. Nie pozostawił po sobie potomstwa. Jego akcje wykupiła rodzina Heinzlów oraz baron Giuseppe Tanfani.

LEONHARDT, ERNST (1849-1917) był najmłodszym z dziesięciorga dzieci sukiennika Fryderyka i Chrystiany. Ukończył szkołę podstawową w Heinichen (Saksonia) i rozpoczął naukę w gimnazjum w Dreźnie. Po odbytych praktykach w fabryce włókienniczej w 1877 wyjechał do Łodzi, gdzie dorobił się pokaźnego majątku. Na zakupionych pod Łodzią gruntach wybudował fabrykę wyrobów wełnianych.

LORENZ, GUSTAW JAN (1839-1905) kupiec i przemysłowiec, urodził się i zmarł w Łodzi. Jego ojciec Jan był właścicielem drukarni tkanin przy ul. Północnej. Szkoły ukończył w Tomaszowie Mazowieckim i Warszawie. Kiedy w 1861 roku powrócił do Łodzi, założył firmę handlu towarami wełnianymi z siedzibą przy ul. Piotrkowskiej 57, a następnie tkalnię parową wyrobów wełnianych. Z żoną Matyldą z d. Schadke miał trzech synów, z których najstarszy, Gustaw Adolf, zarządzał firmą po śmierci ojca.

MAJEWSKI, HILARY (1838-1892) ukończył studia w Petersburgu. Był architektem w Łodzi w latach 1872-1892. Autor wielu znanych pałaców i gmachów publicznych.

METZNER, FRYDERYK BOGUMIŁ (1797-1852) pastor, urodzony 25 września 1797 roku w Chemnitz. Teologię studiował w Lipsku. Dnia 8 lipca 1827 wybrany został na pierwszego pastora parafii Świętej Trójcy. Ordynowany w Warszawie 9 grudnia 1827 roku. Zmarł w Łodzi 5 września 1852 roku podczas epidemii cholery. Pochowany został na cmentarzu ewangelickim przy ulicy Ogrodowej.

MEYER, LUDWIK (1841-1911) po przybyciu do Łodzi w 1851 roku rozpoczął pracę w zakładach Edwarda Hentschla. Kilka lat później ożenił się z jego córką Matyldą. W latach 70. był już właścicielem fabryki włókienniczej i cegielni. Planując kolejne inwestycje budowlane nabywał nowe grunty, z których większość znajdowała się przy ul. Krótkiej (obecnie ul. Traugutta). W 1875 roku przejął od teścia połowę fabryki, a drugą jej część odkupił wkrótce od Juliusza Kunitzera. Po pewnym czasie zakład produkcyjny przeniesiono do podłódzkiej osady Mania.

SCHEIBLER, KAROL WILHELM I (1820-1881), zwany „królem łódzkiej bawełny" wyróżniał się w środowisku fabrykanckim wiedzą fachową i przedsiębiorczością. Urodził się 1 września 1820 roku w Monschau, w zachodniej Nadrenii. Jego ojciec, Wilhelm, posiadał tam własną fabrykę tkacką, co sprawiło, że Karol odebrał staranne wykształcenie właśnie w zawodzie tekstylnym. Po ukończeniu gimnazjum w 1839 roku udał się do Verviers w Belgii, gdzie jego wuj, Gustaw Pastor, pracował na stanowisku administratora i dyrektora w fabryce maszyn włókienniczych braci Cockerill. W latach 1843-1848 był przedstawicielem angielskich firm handlowych na kontynent europejski z siedzibą w Voslau koło Wiednia. Do Królestwa Polskiego Karol Wilhelm I Scheibler przybył w 1848 roku. Mieszkający w Ozorkowie wuj, Fryderyk Schlösser, właściciel tamtejszych przędzalni umożliwił mu objęcie stanowiska dyrektora w swoim zakładzie. Tam poznał swoją przyszłą żonę, Annę Werner, siostrzenicę Schlössera. Posag poślubionej w 1854 roku

Anny zdecydowanie ułatwił mu karierę. Suma 44.000 rubli stanowiła główną część kapitału, z którym rozpoczął działalność w Łodzi. Lata 1865-1869 były nad wyraz korzystne dla przedsiębiorstwa Scheiblera. Głód bawełniany wywołany wojną secesyjną w Stanach Zjednoczonych Scheibler przetrwał bez szwanku dzięki swojej przedsiębiorczości i umiejętności trafnego podejmowania decyzji. Po zmarłym w 1881 roku Karolu Wilhelmie I Scheiblerze prezesem firmy rodzinnej był jego brat, Adolf. Dopiero po jego śmierci w 1889 roku przedsiębiorstwem kierował wówczas 23-letni KAROL WILHELM II SCHEIBLER (1862-1935). Poślubił on w roku 1886 Annę Grohman, córkę Ludwika Grohmana. Stanowisko dyrektora generalnego zakładów ojca przejął w roku 1896. Był wiceprezesem łódzkiego Banku Handlowego i współzałożycielem Towarzystwa Łódzkich Wąskotorowych Elektrycznych Kolei Dojazdowych. W roku 1884 zbudował szpital fabryczny św. Anny, finansował także budowę szpitala pediatrycznego im. Anny Marii. Kolejnym prezesem spółki rodziny Scheiblerów był zięć Karola Scheiblera, Edward Herbst. Główną jednak rolę w firmie odgrywała Anna Scheibler z d. Werner, wdowa po Karolu, która posiadała około 70-80% akcji po swym mężu. Ostatnim z rodu Scheiblerów był wnuk Karola Wilhelma I – KAROL WILHELM III (1888-1934). Nigdy nie wyparł się kraju, w którym przyszedł na świat. Świadomie podkreślał swój silny związek uczuciowy z Polską. Po ukończeniu łódzkiego gimnazjum studiował w Rydze i Dreźnie. Gdy już zdobył wiedzę teoretyczną, udał się na praktyki do Anglii, Bremy i Czech. Stanowisko dyrektora generalnego w przedsiębiorstwie dziadka i ojca objął w 1913 roku. W okresie I wojny światowej okupant niemiecki skonfiskował znaczną część maszyn z fabryki Scheiblerów, uniemożliwiając produkcję na okres trzech lat. Przez cały ten czas Karol Wilhelm III wypłacał załodze zasiłki. Ponowny rozkwit fortuny tejże rodziny następuje w latach dwudziestych XX wieku. Wtedy to dochodzi do połączenia dwóch wielkich zakładów przemysłowych: Karola Scheiblera i Ludwika Grohmana. Potomkowie Karola Scheiblera III wyjechali po II wojnie światowej do Brazylii.

SCHLÖSSER, FRYDERYK MATEUSZ kupiec przybyły z Monschau w zachodniej Nadrenii, założyciel pierwszej fabryki bawełny w Ozorkowie.

SCHWEIKERTOWIE przybyli w okolice Łodzi z Wirtembergii około roku 1800 i osiedlili się w Starowej Górze, gdzie na świat przyszedł ich syn Fryderyk Wilhelm (1837-1902) przyszły przemysłowiec łódzki. Zanim

Von ihnen ist die Rede im Buch

ANGERSTEIN, WILHELM PETER, geb. 22. 02. 1848 in Warschau. Das Gymnasium absolvierte er in Warschau, danach ging er nach Erlangen in Bayern und nach Leipzig, um Theologie zu studieren. In den Jahren 1872--74 war er Vikar in Krakau. Ordiniert wurde er am 29. 11. 1874 und noch im gleichen Jahr übernahm er die Pfarrei Czarnylas. 1875-85 arbeitete er als Pfarrer in Wiskitki, und 1885 wurde er der erste Pfarrer in der Johannes Pfarrei in Lodz. Seit 1912 war er auch Superintendent der Diözese Piotrków. Er starb am 30. 05. 1928 während einer Zugfahrt. Er wurde auf dem evangelischen Friedhof an der ul. Ogrodowa beerdigt.

BIEDERMANN, ROBERT (1836-1899), nachdem er in den fünfziger Jahren aus Zduńska Wola nach Lodz kam, begann er als Geselle in einer der Färbereien zu arbeiten. 1836 bekam er in Erbpacht über 14 ha Gelände, das sich an beiden Ufern des Flußes Łódka befand. Ein Jahr später gründete er an der ul. Widzewska 2 (jetzt ul. Kilinskiego) eine Garn-, Baumwoll- und Wollfärberei. Danach erwarb er Grund am anderen Ufer der Łódka, an der ul. Smugowa und ul. Franziszkanska, was ihm die Erweiterung seines Unternhemens ermöglichte. 1877 nahm Biedermann eine Baumwollappretur (Flanel, Trikotwaren, Kaschmir) sowie eine Möbelstoff- und Konfektionsapprctur in Betrieb, und 1890 eine Baumwollspinnerei. 1896 beschäftigte er 375 Arbeiter. Robert Biedermann hat in Zusammenarbeit mit Pastor K. Rodthaler ein Waisenhaus an der ul. Północna 70 gegründet sowie Arbeiterhäuser an der ul. Smugowa. Mit Adelma, geb. Braun verheiratet, hatte er dreizehn Kinder. Er starb 1899 in Lodz. Sein Betrieb, der sich auf das Gebiet zwischen ul. Północna, Smugowa und Kilińskiego erstreckte, wurde seit 1899 von seinem Sohn Alfred Biedermann (1866-1936) verwaltet. Im wirtschftlichen Bereich sehr aktiv, gründete er u. a. die Gesellschaft der Lodzer Elektrischen Eisenbahnen.

Er wurde mit dem Orden Polonia Restituta ausgezeichnet.

BIEDERMANN, SOPHIE (1870-1895) – Tochter Wilhelm Ludwig Meyers, Unternehmerin; im gleichen Grab wie die Eltern beerdigt; erste Frau Alfred Biedermanns.

BUHLE, KARL THEODOR. Seine Vorfahren kamen 1841 aus Herzberg nach Lodz. Seine in Chemnitz erworbene Ausbildung vertiefte er durch ausgiebige Praktika, u. a. in der väterlichen Färberei. 1897 machte er sich selbständig, als er mit seinem Schwager Schulz eine Färberei gründete, deren Gebäude sich heute in Żubardź, an der ul. Hipoteczna befindet. Die Firma entwickelte sich günstig. Buhle betätigte sich im Christlichen Wohlfahrtsverein, im Caritashaus für Kranke und Arme. Er sicherte seinen Arbeitern eine anständige soziale Unterstützung zu, organisierte Ferienaufenthalte für deren Kinder, erbaute einen Sportplatz. Die Beschäftigten seiner Betriebe erhielten Freikarten für verschiedene Veranstaltungen.

DIETRICH, JULIUS, am 31. 07. 1875 in Lodz geboren, Pastor der Johannes Pfarrei am 25. 06. 1963 in Deutschland gestorben.

EISERT, RAIMUND KARL (1865-1935), Industrieller, Sohn des Webers Karl und der Pauline, geb. Guse. Sein Großvater Johann Gottlob kam 1826 aus Sachsen nach Pabianice. Der Vater Karl Raimunds gründete 1864 in Lodz eine handgebtriebene Baumwollweberei. Karl Raimund, hat mit seinem Bruder Emil die väterliche Firma übernommen, die er zu einem großen Industriebetrieb ausbaute, der später in eine Aktiengesellschaft umgewandelt wurde. Vorstandsmitglied der Aktiengesellschaft J. John und der Textilbetriebe Pabianice, die früher R. Kindler gehörte. Mitbegründer des Krankenhauses für Nerven- und Psychisch Kranke in Kochanówka. Mitbegründer der Grundschule in Dintów. Er finanzierte das Diakonissenhaus in Lodz, Präses des Kuratoriums „Caritashaus" (evang. Krankenhaus an der ul. Północna), Kurator des Hl.-Alexander-Krankenhauses. 1909 wurde er an Stelle des verstorbenen Ignacy Poznański zum Ehrenmitglied des Stadtrats ernannt. Honorarkonsul des Königreichs Dänemark.

FALZMANN, ALEXANDER KARL (1887-1940) Pastor. Er war der Sohn des Fabrikanten Robert (katholisch) und der Emilia (augsburgisch protestantisch). Er beendete sein Theologiestudium in Dorpart in Estland. Weihe 1912, Vikar an der Hl.-Johann-Kirche in Lodz. In den Jahren 1913-1920 Pastor in Pultusk und in Zgierz (1820-1839). Im zweiten Weltkrieg verweigerte er Unterzeichnung der Volksliste. Ende September 1939 wurde er von der Gestapo verhaftet und im Gefängnis an der ul. Sterlinga eingesperrt. 1940 ins Konzentrationslager Dachau deportiert, in dem er den Tod fand.

FEDER, HEINRICH (1841-1910) Industrieller, geb. in Eupen am Rhein, gest.in Berlin. Sein Vater Hubert, war Eigentümer einer Maschinenfabrik in Eupen. 1856 kam er nach Ozorków, zehn Jahre später ließ er sich in Lodz nieder. Gründete zusammen mit seinem Kompagnon, M. Mitzner, eine Baumwollspinnerei. An der ul. Benedykta (jetzt ul. 6-go Sierpnia) gründete er 1880, mit der finanziellen Beteiligung von Jakob Vive eine Baumwollspinnerei, die er ab 1882 selbständig leitete. 1906 ließ er sich in Berlin nieder. Mit Julia, geb. Rohrer verheiratet, hinterließ er eine Tochter Laura Elisa.

GEYER, GUSTAV (1844-1893), Industrieller, Sohn des Ludwig Ferdinand. Nach seiner Ausbildung in Lodz absolvierte er eine Banklehre in England. 1867 übernahm er die Leitung der L. Geyer Werke. Unter seiner Leitung haben sich die Werke vom Tief erholt und begannen langsam Gewinne abzuwerfen. 1886 wurden die Werke in eine Aktiengesellschaft umgewandelt „Baumwollindustriebetriebe Ludwig Geyer", deren Vorstandsvorsitzender er wurde. G. Geyer hat unter seinem Namen eine Spitzenfabrik an der ul. Piotrkowska 278 gegründet.Verheiratet mit Helena von Weil; hatte zwei Söhne, Gustav und Robert sowie vier Töchter.

GEYER, LUDWIG FERDINAND (1805-1869), Industrieller. Geb. in Berlin. Er begann mit der Mechanisierung der Textilbetriebe in Lodz. Vor seiner Ankunft aus Neugerzdorf (Sachsen) im Jahre 1828 reiste er durch Kongreßpolen; er war in Kalisz, Warschau, Piotrkow Trybunalski und Tschenstochau, aber erst Lodz wurde ihm zum „Gelobten Land". Er kam mit seiner Familie hierher: mit seinem Vater, Mutter und Ehefrau, die nicht allzuviel mitbrachten. Das waren lediglich Werkstatteinrichtungen, Baumwollgarn, einige Kleidungsstücke, Bücher, Möbel und Jagdausrüstung. 1833 kaufte Geyer in der Fabriksiedlung Łódka Gelände, das Antoni Potempa gehörte (ul. Piotrkowska 282), wo er eine Spinnerei und eine Weberei errichtete.1840 erwarb er den Besitz des verstorbenen Rundzieher (ul. Piotrkowska 303-315) und des Traugott Lange (ul. Piotrkowska 287-301). Auf diese Weise wurde er zum Besitzer eines Gebietes, das auf beiden Seiten der Lodzer Hauptstraße lag.

GROHMAN, TRAUGOTT (1785-1874), kam 1827 aus Sachsen nach Polen. Er ließ sich mit zwei Brüdern in Warschau nieder, dann zog er nach Zgierz, um sich dann 1844 endgültig in Lodz niederzulassen. Hier bakam er in Erbpacht ein Gebiet, das Lamus genannt wurde, auf dem er 1844 eine Baumwollspinnerei und -weberei eröffnete. Als erster Industrieller der Stadt hat er eine freiwillige Feuerwehr in seiner Fabrik gegründet. Nach seinem Tod übernahm sein Sohn Ludwig (1826-1889) die Fabrik. Er gründete als erster eine Feuerwehrabteilung in Lodz und wurde ihr erster Komandant. 1899 wurde seine Firma in die Aktiengesellschaft der Industriewerke Ludwig Grohman umgewandelt. Nach dem ersten Weltkrieg wurden im Jahre 1919 die Werke Grohmans und Scheiblers vereinigt und 1921 entstanden die Vereinigten Werke K. Scheibler & L. Grohman.

HEINZEL, JULIUS (1834-1895). Sein Vater Jan, der Weber war, kam aus Niederschlesien nach Lodz.1854 trat Julius Heinzel der Vereinigung der Werbermeister bei. Ein Jahrt später erbte er von seinem Vater eine handgetriebene Weberei. 1856 heiratete er Pauline Volkmann. Er war Gründer der Manufaktur für Woll- und Halbwollerzeugnisse an der ul. Piotrkowska 104. Für seine Erzeugnisse bekam J. Heinzel zahlreiche europäische Auszeichnungen. Zusammen mit Julius Kunitzer gründete er 1879 auch die Textilwerke an der ul. Rokicinska (jetzt al. J. Pilsudskiego), die zehn Jahre später in die Aktiengesellschaft für Baumwollerzeugnisse Julius Heinzel & Julius Kunitzer umgewandelt wurden. Nachdem er ein beträchtliches Vermögen erworben hatte, kaufte er Güter in der Gegend von Piotrków und Lodz (Julianów, Arturówek, Marysin, Łagiewniki). In Sorge um seine Arbeiter errichtete er Familienhäuser an der ul. Przejazd (jetzt ul. Tuwima). Er war Initiator des Christlichen Wohlfahrtsverbandes, Vorstandsmitglied der Lodzer Freiwilligen Feuerwehr, nahm auch an den Beratungen des Vorstands der Handelsbank teil. Julius Heinzel kaufte 1891 vom Fürsten Sachsen-Coburg Gotha ein Gut mit Schloß Hohenfels und dem Titel eines Barons. Er war der erste Vorsitzende des Lodzer Christlichen Wohlfahrtsverbanddes, und Vorsitzender der Freiwilligen Feuerwehr.

HEINZEL, JULIUS THEODOR (1861-1922). Nach Abschluß seines technischen Studiums in Riga wurde er Direktor der Aktiengesellschaft für Woll- und Halbwollerzeugnisse an der ul. Piotrkowska 104 und der Aktiengesellschaft Appretur und Färberei an der ul. Piotrkowska 226. Vom Vater erbte er Aktien der Aktiengesellschaft „Widzewer Manufakturwerke" (frücher „Heinzel & Kunitzer") an der ul. Rokicinska (jetzt al. J. Pilsudskiego). Nachdem er sich 1896 aus dem Vorstand der Widzewer Manufakturwerke zurückgezogen hat, führte er ein aktives soziales Leben. Er war im Vorstand des Börsenvereins und des Bergbauvereins, Vorstand der Aktiengesellschaft der Ladenkette „Warrant" und des Baukomitees der Lodzer Kathedrale, in der wir bis heute den von ihm gestifteten Altar bewundern können.

JONSCHER, KARL – Sozialmediziner, geb. in Lublin, gest. in Lodz. Sohn des Pastors Karl Joseph und Agata Karolina Hovelka. Nach dem Gymnasium in Lublin begann er an der Medizinischen Abteilung der Universität in Warschau seine Studien. Nach dem Studium ließ er sich in Lodz nieder und begann hier seine berufliche Laufbahn neben einer aktiven gesellschaftlichen Tätigkeit. Mitbegründer des Christlichen Wohlfahrtverbandes, des Ärztevereins, des Notrettungsdienstes. Initiator des ersten Werkkrankenhauses in Lodz an den Scheiblerwerken, das heute seinen Namen trägt. Mitbegründer des Krankenhauses für nerven und psychisch Kranke „Kochanówka" und des Anna-Maria-Kinderkrankenhauses (heute J. Korczak- Krankenhaus). Mit Maria von Weil verheiratet (1864-1937). Er hinterließ drei Söhne, darunter Karl Gustav, der Professor für Kinderheilkunde in Posen war.

KINDERMANN, JULIUS ROBERT (1866-1932) – Industrieller. Er hat 1891 eine eigene Baumwollfabrik an der ul. Łąkowa 23/25 gegründet. Die Familie der Kindermanns machte den typischen Weg zum Reichtum. Der Weber Franz Kindermann und seine Frau Wilhelmine kamen aus Sachsen nach Lodz und gründeten zwei kleinere Weberwerkstätte. Zu Reichtum kam erst ihr Sohn Franz, der um 1859 einen Baumwollbetrieb gründete. Um 1897 wurde der Betrieb in ein Gebäude verlegt, das sich am Zusammenschluß der ul. Łąkowa und der ul. sw. Andrzeja befand. Der mechanisierte Betrieb bestand aus einer Spinnerei, einer Weberei und einer Appretur. 1905 übergab Franz die Leitung des Betriebes seinem Sohn J. R. Kindermann.

KOPISCH, TITUS kam 1828 aus Schlesien nach Lodz. Er übernahm und baute den Betrieb, die sogenannte Alte Bleicherei oder Kopisch-Bleicherei aus, die sich an der ul. Sw. Emilii (heute ul. Tymienieckiego) befand. Nach einigen Jahrzehnten machte das Unternehmen mehr Verluste als Gewinn, und daher hat Kopisch es verkauft und ist in seine Heimat zurückgekehrt.

KUNITZER, JULIUS (1843-1905). Stammt aus einer westpreußischen Weberfamilie, die in den dreißiger Jahren des 19. Jh. nach Kongreßpolen kam. Seine Vorfahren haben sich zunächst in Przedborze und dann in Kalisz niedergelassen. Julius Kunitzer kam 1855 nach Lodz und begann in leitender Stellung im Betrieb von Eduard Hentschel zu arbeiten. In den achtziger Jahren tat er sich mit Theodor Julius Heinzel zusammen. Während der Unruhen 1905 wurde er von einem Attentäter in einer Lodzer Straßenbahn erschossen. Er hinterließ keine Nachkommen. Seine Aktien erwarb die Familie Heinzel und der Baron Giuseppe Tanfani.

LEONHARDT, ERNST (1849-1917), war das jüngste von zehn Kindern des Webers Friedrich und seiner Frau Christiane. Er besuchte die Volksschule in Heinichen (Sachsen) und das Gymnasium in Dresden. Nach einem Praktikum in einer Textilfabrik ging er 1877 nach Lodz, wo er ein beträchtliches Vermögen erwarb. Auf dem nahe Lodz erworbenem Gelände, errichtete er eine Fabrik für Wollerzeugnisse.

LORENZ, GUSTAV JOHAN (1839-1905), Händler und Industrieller, geb. und gest. in Lodz. Sein Vater Johan besaß eine Stoffdruckerei an der ul. Północna. Seine Ausbildung erhielt er in Tomaszów Mazowiecki und in Warschau. Als er 1861 nach Lodz zurückkehrte, gründete, er eine Handelsfirma mit Baumwollwaren mit Sitz an der ul. Piotrkowska 57, danach eine dampfmaschinengetriebene Wollweberei. Mit seiner Frau Mathilde, geb.

Schadke hatte er drei Söhne, von denen der älteste die Firma nach dem Tod des Vaters leitete.

MAJEWSKI, HILARY (um 1838-1892), beendete seine Studien in Petersburg. War in Lodz in den Jahren 1872-1892 als Architekt tätig. Von ihm stammen viele Paläste und öffentliche Gebäude.

METZNER, FRIEDRICH BOGUMIL, geb. am 25. September 1797 in Chemnitz. Studierte Theologie in Leipzig. Am 8. August 1827 wurde er zum ersten Pastor der Dreieinigkeit Pfarrei gewählt. Ordiniert in Warschau am 9 Dezember 1827. Starb am 5 September 1852 in Lodz während einer Choleraepidemie. Beerdigt auf dem evangelischen Friedhof an der ul. Ogrodowa.

MEYER, LUDWIG (1841-1911), nach seiner Ankunft in Lodz im Jahre 1851 begann er in den Werken Eduard Hentschels zu arbeiten. Einige Jahre später heiratete er dessen Tochter Mathilde. In den 70-ger Jahren war er bereits Besitzer einer Textilfabrik und einer Ziegelei. Er plante weitere Bauinvestitionen und erwarb deshalb neue Grundstücke, deren größerer Teil sich an der ul. Krótka (heute ul. Traugutta) befand. 1875 übernahm er von seinem Schwiegervater die eine Hälfte der Fabrik und die andere kaufte er kurz darauf vom Julius Kunitzer ab. Nach einiger Zeit wurde die Produktionsstätte selbst in die nahe Lodz gelegene Siedlung Mania verlegt.

SCHEIBLER, KARL WILHELM I. (1820-1881), „König der Lodzer Baumwolle" genannt; zeichnete sich im Lodzer Fabrikantenmilieu durch sein Fachwissen und seinen Unternehmungsgeist aus. Er wurde am ersten September 1820 in Monschau im westlichen Rheinland geboren. Sein Vater besaß dort eine eigene Webfabrik, was zur Folge hatte, daß Karl eben im Textilberuf eine sorgfältige Ausbildung erhielt. Nach dem Gymnasium 1839 ging er nach Verviers in Belgien, wo sein Onkel Gustav Pastor die Stelle eines Verwalters und Direktors in der Textilmaschinenfabrik der Gebrüder Cockerill inne hatte. In den Jahren 1843-1848 war er Vertreter englischer Handelsfirmen für den europäischen Kontinent mit Sitz in Voslau bei Wien. Nach Kongreßpolen kam Karl Wilhelm I. Scheibler 1848. Sein Onkel Friedrich Schlösser, der in Ozorków ansässig war und die dortige Spinnerei besaß, verschaffte ihm die Stelle eines Direktors in seinem Betrieb. Dort lernte er seine spätere Frau Anna Werner kennen, die

Schwägerin Schlössers. Annas Aussteuer, die er 1854 heiratete, erleichterte ihm im hohem Maße seine Karriere. Die Summe von 44 000 Rubel war der Hauptbestandteil des Kapitals, mit dem er in Lodz seine Laufbahn begann. Die Jahre 1865-1869 waren für Scheiblers Betrieb äußerst günstig. Den Baumwollmangel, der durch den Bürgerkrieg in Amerika verursacht wurde, hat er dank seines Unternehmergeistes und seiner Fähigkeit, die richtigen Entscheidungen zu treffen, unbeschadet überstanden. Nach dem Tod Karl Wilhelm I. wurde sein Bruder Adolf Präsident der Firma. Erst nach dessen Tod 1881 wurde die Firma von dem damals erst 23-jährigen Karl Wilhelm II. Scheibler (1826-1935) geleitet. Er heiratete 1886 Anna Grohman, die Tochter Ludwig Grohmans. Die Stelle des Generaldirektors in der väterlichen Firma übernahm er 1896. Er war stellvertretender Direktor der Lodzer Handelsbank und Mitbegründer der Gesellschaft der Lodzer Elektrischen Schmallspurbahn. 1884 erbaute er das Hl.-Anna-Werkkrankenhaus, er finanzierte auch den Bau des Anna-Maria-Kinderkrankenhauses. Der nächste Präsident der Scheiblerschen Firma war der Schwager Karl Scheiblers Eduard Herbst. Die Hauptrolle spielte aber Anna Scheibler, geb. Werner, die Witwe Karls, die etwa 70-80 % der Aktien von ihrem Mann geerbt hatte. Der letzte Inhaber des Scheiblerschen Vermögens war der Enkel des Karl Wilhelm I. Karl Wilehlm III. (1888-1934). Er hat das Land, in dem er geboren wurde, niemals verleugnet. Bewußt betonte er seine starke gefühlsmäßige Bindung an Polen. Nach seiner Lodzer Gymnasialzeit studierte er in Riga und Dresden. Nach dem Erwerb des theoretischen Wissens ging er für ein Praktikum nach England, Bremen und Tschechien. Die Stelle des Generaldirektors im großväterlichen und väterlichen Betrieb übernahm er 1913. Während des ersten Weltkrieges hat die deutsche Besatzungsmacht einen großen Teil des Scheiblerschen Maschinenparks beschlangnahmt. Während dieser ganzen Zeit zahlte Karl Wilhelm III. seinen Arbeitern Unterstützung. Ein erneutes Aufblühen des Vermögens dieser Familie findet in den zwanziger Jahren unseres Jahrhunderts statt. Da kommt es zur Vereinigung zweier großer Industriebetriebe: des von Karl Scheibler und des von Ludwig Grohman. Die Nachkommen Karl Scheiblers III. wanderten nach dem zweiten Weltkrieg nach Brasilien aus.

SCHLÖSSER, MATTHÄUS FRIEDRICH, Händler, kam aus Monschau in westlichen Rheinland, Gründer der ersten Baumwollfabrik in Ozorków.

Von ihnen ist die Rede im Buch

DIE SCHWEIKERTS kamen um 1800 aus Württemberg in die Lodzer Gegend und haben sich in Stara Góra niedergelassen, wo ihr Sohn Friedrich Wilhelm (1837-1902), der spätere Industrielle, zur Welt kam. Bevor er nach Lodz übersiedelte, hat er viele Jahre in Pabianice gewohnt. Seine finanziellen Mittel beschloß er in die Lodzer Baumwollfabrik zu investieren, deren Gebäude an der ul. Piotrkowska 262 stand. Die Leitung der Firma übertrug er im Laufe der Zeit seinem Sohn Robert Theodor (1865-1931).

STEINERT, KARL GOTTLIEB (1808-1865), kam 1829 aus Chemnitz (Sachsen) nach Lodz. Im ehemaligen Titus Kopisch Haus nahm er eine handgebtriebene Weberei in Betrieb (1834). Sein wachsendes Vermögen ermöglichte es ihm, 1839 eine Perkaldruckerei zu eröffnen (ul. Piotrkowska 274/276). Seit 1846 arbeitete eine Stoffärberei, Ende der siebziger Jahre wurde eine kleine handegetriebene Weberei in Betrieb genommen und nach 1886 entstand eine mechanische Weberei mit hundert Spindeln. 1914 wurde die Firma in eine Aktiengesellschaft umgewandest „Webereibetriebe Karl Steinert AG" (heute Zentrales Forschungs- und Entwicklungszentrum der Baumwollindustrie sowie zahlreiche Firmen und Handelsgesellschaften).

ZACHERT, JAN FRIEDRICH (1775-1847), stammte aus Międzychód, Teilnehmer am Kosciuszkoaufstand, kämpfte auch in den Dąbrowski Legionen. Kam 1822 nach Zgierz und gründete eine Textilfabrik.

Bibliografia / Bibliographie:

1. *Łódź. Dzieje miasta*, red. Ryszrd Rosin, t. I. Do 1918 r., red. Bohdan Baranowski, Jan Fijałek, Warszawa-Łódź 1988.
2. Bergmann, Bertold: *Die katholischen Deutschen in Mittelpolen*, Jahrbuch Weichsel-Warthe, Hameln/Weser 1964.
3. Budziarek, Marek: *Milczące cmentarze*, „Gazeta Wyborcza" nr 37 (2331), 14 lutego 1997.
4. Czembor, Henryk: *Dzieje luteranizmu w Łodzi*, Rocznik Teologiczny, XIX/1977 z. 2, Warszawa 1977.
5. Denkschrift anläßlig 50 jährigen Bestehens des Gymnasiums von A. Rothert 1878-1928, Lodz 1918.
6. Dietrich Erich, Heike Otto: *Wege der Evangelisch-Augsburgischen Kirche in Polen*, Düsseldorf 1978.
7. Dinter, Henryk: *Spod czarnych dymów*, Łódź, 1978.
8. Heike, Otto: *Aufbau und Entwicklung der Lodzer Textilindustrie*, Mönchengladbach 1971.
9. Heike, Otto: *Das deutsche Schulwesen in Mittelpolen*, Dortmund 1963.
10. Heike, Otto: *Leben im deutsch-polnischen Spannungsfeld*, Essen 1989.
11. Ihnatowicz, Ireneusz: *Przemysł łódzki w latach 1860-1900*, Wrocław 1965.
12. Laurentowicz-Granas Małgorzata, Manżett-Kubiak Joanna: *Pałace „Ziemi Obiecanej"*, Łódź 1997.
13. Jubiläumsschrift der Lodzer Zeitung 1863-1913, Łódź 1913.
14. Nasarski, Peter (Hrsg.): *Das Lodzer Deutsche Gymnasium*, Berlin-Bonn o.J.
15. Nasarski, Peter: *Łódź „Gelobtes Land"*, Von deutscher Tuchmachersiedlung zur Textilmetropole im Osten, Berlin/Bonn 1988.
16. Pawlak, Wacław: *Patrząc na starą fotografię*, Łódź 1981.
17. Piąstka, Zbigniew:*W cieniu alei cmentarnych*, Łódź 1990.
18. Popławska, Irena: *Architektura przemysłowa Łodzi w XIX i XX wieku*, Warszawa 1973.
19. Puś, Wiesław: *Dzieje Łodzi przemysłowej*, Łódź 1987.
20. Pytlas, Stefan: *Łódzka burżuazja przemysłowa w latach 1864-1914*, Łódź 1994.
21. Schmidt Arthur: *Verlorene Heimat*, Schwabach 1985.
22. Stefański, Krzysztof: *Architektura sakralna Łodzi w okresie przemysłowego rozwoju miasta 1821-1914*, Łódź 1995
23. Stefański, Krzysztof: *Stary cmentarz ewangelicko-augsburski w Łodzi*, Łódź 1992
24. Strzałkowski, Jacek: *Kościół ewangelicko-augsburski św. Mateusza w Łodzi*, Łódź 1997.
25. Szkwarek, Mariusz: *Historia parafii pod wezwaniem Podwyższenia Świętego Krzyża w Łodzi w latach 1885-1939*, Warszawa 1991 (maszynopis pracy magisterskiej).
26. Świątkowska, Maria; Budziarek, Marek: *Nekropolie łódzkie*, Łódź 1989.
27. Urbaniak, Andrzej: *Śladami starej Łodzi*, Łódź 1992.
28. Walczak, Wojciech: *Zabytki architektoniczne Łodzi. Podręcznik ikonografii*, Łódź 1972.

Indeks nazwisk
Namen index

A
ADAMOWSKI, JAN 56, **76**
ALBRECHT, JULIUSZ 60, **80**
ALDRIDGE, IRA 110, **113**
ALF, G. F. 70, **90**
ALTHAUS, PAUL PROF. 67, **87**
ANGERSTEIN, WILHELM PIOTR 60, 61, 62, 152, 186, **81, 82, 164, 195**
ARENDT, L. **183**

B
BAKKE, ALFRED 29, **45**
BANDO, HENRYK 56, 177, **76, 183**
BARTNING, D. 65, 85
BĄCZEK, JAN 70, **89**
BENDIX 110, **113**
BENNDORF, JOANNA 94, 99, **105**, 100
BERGMANN, BERTOLD 69, 204
BERNDT, GUSTAW 64, **83**
BEURTON, A. 65, **84**
BIEDERMANN, ALFRED 36, 149, 187, **50, 51, 161**
BIEDERMANN, BRUNO 132, 143
BIEDERMANN, DANIEL 175, 176, **182**
BIEDERMANN, ROBERT 35, 186, **195**
BIEDERMANN, SOPHIE 149, 187, **161, 196**
BOGEL, JULIUS 71, **90**
BORST, KARL 176, 177, **183**
BÖTTCHER 62, **82**
BRANDT, P. 73, **92**
BRATOSZEWSKI, RAFAŁ 172, **178**
BRAUER, F. 72, **91**
BRETTLE, ZYGMUNT 67, **87**
BRICH-PFEIFFER, CHARLOTTE 110, **113**
BRIESEN, VON 96
BRUKALSKI, PIOTR 27, **44**
BRÜNER, A. 71, **91**
BUHLE, KARL TEODOR 21, 37, 39, 187, **52, 196**
BUHLE, R. 61, **81**
BURSCHE, E. 57, 77

C
CHEŁMIŃSKI, FRYDERYK 28, **45**
COCKERILL, BRACIA 30, 192, **46, 201**

D
DĄBROWSKI, LUDWIK 67, **87**
DIETRICH, JULIUS 60, 63, 187, **81, 82, 196**
DREWING, ALEKSANDER 118, 133, **121**

DZIAŁDOWSCY, RODZINA 24, **41**
DZIEKOŃSKI, JÓZEF 151, **164**

E
EICHHORST, J. 72, **91**
EICHLER, ADOLF 67, 118, **87, 121**
EISENBRUNN, OTTO 60, **81**
EISERT, KARL 150, 187, **163, 196**
ELZENBERG, HENRYK 25, **41**
ENDER, KARL 176, **182**
ENGELHORN 176, **182**

F
FALZMANN, ALEKSANDER, KARL 188, **197**
FEDER, HEINRICH 151, 188, **163, 197**
FEDER, LAURA 36, **52**
FISCHER, LUDWIK 119, **122**
FREIGANG 65, **84**
FROST, A. CH. 56, 76

G
GAZE 62, **82**
GEBHARDT, KARL 28, **45**
GEHLIG, OTTO 58, 154, **77, 166**
GERHARDT, AUGUST 58, **78**
GEYER, EMIL 130, 152, **164**
GEYER, GUSTAW 61, 152, 188, **82, 164, 197**
GEYER, LUDWIK 6, 15, 21, 29, 30, 33, 147, 188, **18, 45, 47, 160, 197**
GRADOLEWSKI, ROMAN 69, 70, **89**
GREILICH, ADOLF 172, **178**
GROHMAN, ANNA 193
GROHMAN, HEINRICH 33, **48**
GROHMAN, LEON 132
GROHMAN, LUDWIK 31, 32, 57, 60, 129, 130, 148, 189, 193, **48, 77, 80, 140, 161, 198**
GROHMAN, TRAUGOTT 31, 189, **48, 198**
GRÜNEWALD, TEODOR 66, **86**
GUNDLACH, RUDOLF 58, 151, **78, 163**
GUTSCHKE, A. 71, 72, **91**

H
HADRIAN, PAUL 58, 148, **78, 161**
HÄUSLER, BRACIA 65, **85**

HEINZEL, JULIUS 25, 35, 70, 127, 128, 130, 153, 189, **43, 138, 141, 165, 198**
HEINZEL, JULIUSZ TEODOR 153, 190, **50, 165, 199**
HEINZEL, PAULINA 153, 165
HEMPEL, E. 61, **81**
HENING, RODZINA **179**
HENTSCHEL, AUGUST 109, **112**
HENTSCHEL, EDWARD 22, 191
HERBST, EDWARD 60, 63, 126, 193, **80, 83, 136**
HERRNING, KAROL 95, **101**
HEYMANN, MAX 69, **88, 89**
HOFFMANN, J. 176, 177, **183**
HORN, REINHOLD 179

J
JÄGER 63, **83**
JAROCIŃSKI, ZYGMUNT 25, **41**
JOACHIMOWSKI, JAN 69, **89**
JONASCH, RODZINA 175, **181**
JONSCHER, KARL 149, 175, 190, **161, 181, 199**
JONSSON, EINAR 150, **163**

K
KALINOWSKA 68, **88**
KIEPURA, JAN 22, **40**
KINDERMANN, JULIUS ROBERT 21, 26, 60, 153, 190, **43, 81, 164, 199**
KINDERMANN, LEOPOLD RUDOLF 21, 26, 36, **43, 51**
KINDLER, RUDOLF 175, 176, 187, **181, 182**
KIRSCH, GOTFRIED 58, **77**
KLEBSATTEL 56, **76**
KLEIN, ADOLF 111, **114**
KLIKAR, ROBERT 68, **88**
KNORR 60, **80**
KOPISCH, TITUS 21, 31, 132, 191, 194, **47, 142, 200**
KRÖGER, JÜRGEN 62
KRUSCHE, ALFRED 128, **139**
KRUSCHE, ALEX 176, **182**
KRUSCHE, BENIAMIN 175, **181**

KRZYWIEC-OKOŁOWICZ, MIKOŁAJ 173, **179**
KUNITZER, JULIUS 35, 60, 128, 149, 191, 192, **50, 80, 138, 162, 200**
KUNZ, JOHANN 173, **179**
KUNZE, E. 176, **183**
KÜNZEL, EDUARD 174, **180**

L
LANDAU-GUTENTEGER, GUSTAW 26, 37, **43**
LEONHARDT, ERNST 21, 30, 130, 133, 191, **47, 141, 200**
LIEBIG, AUGUST 71, **91**
LILPOP, EDUARD 33, 151, **49, 164**
LIPSKI, A. 60, **81**
LÖFFLER, A. 64, **83**
LOHRER, F. 72, **91**
LORENZ, GUSTAW 151, 191, **163, 200**
LÜBECK, JULIUS 72, **91, 92**

M
MAJEWSKI, HILARY 22, 24, 25, 28, 31, 33, 60, 192, **40, 41, 42, 45, 48, 80, 201**
MANITIUS, KARL GUSTAW 57, **77**
MANITIUS, Z. 60, **81**
MARKIEWICZ, IGNACY 30, **47**
MEIERHOFF, RODZINA 177, **183**
MEISSNER, KARL AUGUST 176, 177, **183**
MERTSCHING, J. K. 33, **49**
METZNER, FRIEDRICH G. 57, 147, 192, **77, 161, 200**
MEYERHOFF, ADOLF 61, **82, 183**
MEYER, LUDWIK 21, 22, 23, 130, 133, 149, 192, **40, 41, 141, 143, 161, 200**
MIKS, P. **122**
MILKER, A. 118, **121**
MILNIKEL 63, **83**
MODL, ALFRED 57, **77**
MOHR, E. 72, **92**
MÜLLER, KARL 176, **183**

N
NESTLER, ROBERT 60, 61, 62, 71, **80, 82, 91**
NEUMANN, W. 118, **121**
NOWOWIEJSKI, ANTONI JULIAN 69, **89**

O
ONDRA, KAROL 71, **90, 91**
OSTROWSKI, JAN 69, **89**

P
PADEREWSKI, IGNACY JAN 22, **40**
PASCHKE, GUSTAW 172, **179**
PASTOR, GUSTAW 192, **201**
PATZER, THEODOR 58, **79**
PETERS, JAKOB 56, **76**
PETERSILGE, JAN 22, 40, 117, 118, 153, **120, 121, 165**
PIEŃKOWSKI, WŁADYSŁAW 25, **41**
POPIEL, TEOFIL WINCENTY 67, **87**
POTEMPA, ANTONI 189, **198**
POTEMPA, AUGUST DR 69, **89**
PRAWITZ, ALFONS 65, **84**
PUFAHL, HEINRICH 70, **90**

R
REINELT, EDUARD 109, **112**
REINHERTZ, E. H. 176, **183**
REINHOLD 173, 176, **182**
REMUS, EMILIA 98, **104**
REYTER 54, **74**
REYMONT, WŁADYSŁAW 11, 20, 22, **11, 38, 40**
RICHTER, CEZARY 119, **122**
RICHTER, GERHARDT 64, **83**
RICHTER, HARY 64, **83**
RIEGER, GUSTAW 63, **83**
RIEGER, OTTO 63, **83**
RIGON 60, **80**
ROHNER, JAN 70, 71, **90**
RÖMER, RUDOLF 60, **81**
ROMPA, ROBERT 69, **89**
RONDTHALER, KLEMENS BERTOLD 58, 148, 187, **77, 148, 161**
ROSENTHAL, ALBERT 110, 111, **113, 114**
ROSENTHAL-RIDEL, WALENTYNA 110, **113**
ROTHE, GOTFRYD ZYGMUNT 173, **179**
ROTHERT, ANGELIKA 94, 98, **103**
RUBINSTEIN, ARTUR 22, **40**
RUDNICKI, J. 153, **164**

RUNDZIEHER, AUGUST 56, **76**, 189, 198

S
SAENGER, OSKAR 175, **181**
SAENGER, ROBERT 175, **182**
SCHEIBLER, KAROL WILHELM I 21, 28, 33, 34, 57, 59, 70, 125, 130, 131, 151, 174, 201, **40, 45, 48, 49, 77, 80, 83, 89, 135, 163, 181, 200**
SCHEIBLER, KAROL WILHELM II 22, 131, 198, 202, **202**
SCHEIBLER, KAROL WILHELM III 202, **202**
SCHIELE, ALFONS 176, **187**
SCHLÖSSER, MATHAUS FRIEDRICH 174, 175, 193, **181, 200**
SCHMIDT, LEOPOLD 176, **182**
SCHMIDT, M. 72, **92**
SCHÖNBERGER 69, **89**
SCHREIBER, LUDWIK 60, 95, **80**
SCHULTE, HANS 154, **166**
SCHULTZ, OTTON 37, 183, **52**
SCHULZ, RUDOLF 173, **179**
SCHWECHTEN, FRANZ 63, 154, **82, 166**
SCHWEIGERT, GUSTAW 148, **161**
SCHWEIKERT, FRYDERYK WILHELM 21, 27, 60, 153, 193, **80, 164, 200**
SCHWEIKERT, GUSTAW 179, **200**
SCHWEIKERT, KURT DR 60, **81**
SCHWEIKERT, ROBERT TEODOR **44**
SEIFERT, JULIUSZ 65
SENFF, P. 63, **83**
SIEBÖRGER, HUGO **182**
SIENKIEWICZ, HENRYK 22, **40**
SPERLING, G. 72, **91**
STARZYŃSKI, IGNACY 174, **180, 181**
STEIGERT, JAKUB 60, **80**
STEIGERT, TEODOR 60, **81**

STEINERT, KARL GOTTLIEB 21, 29, 148, 194, **45, 161, 203**
STILLER, EDUARD 175, **181**
STYKA, JAN 60, **80**
SZCZAWIŃSCY, RODZINA **180**

T
TOEGEL, OTTO 68
TRIEBE, JULIUSZ 60, **81**
TULINIUS, GUSTAW 173, **179**
TYMIENIECKI, WINCENTY 69, **88**

V
VIERTES, JOHANN GEORG 176, **183**
VOLKMAN, PAULINA 189, 198
VOSS, RICHARD 110, **113**

W
WANNAGAT, ALBERT 58, **79**
WASSERMANN, WALTER 111, **114**
WEIß 69, **89**
WENDE, JAN 61, 63, 153, **81, 82, 165**
WENDISCH, CHRISTIAN FRYDERYK 15, **18**, 34, 56, **49, 76**
WERNER, ANNA 192, **201**
WIHAN, ADOLF 68, **88**
WILLIGMAN 67, **87**
WOLF, J. 71, **91**

Z
ZACHERT, JAN FRIEDRICH 175, 176, 194, 203, **183, 203**
ZAHNDER, JAN 154, **166**
ZIELKE, OTTO 65, **85**
ZINZENDORF, NIKOLAUS, LUDWIK 66, **85**
ZIPPEL 176, **183**
ZONER, LEOPOLD 109, **121**